金教鞭

幼儿这样玩球

◎主编　全　胜　吴海云

海峡出版发行集团 THE STRAITS PUBLISHING & DISTRIBUTING GROUP | 福建人民出版社 FUJIAN PEOPLE'S PUBLISHING HOUSE

主　编：全　胜　吴海云
副主编：张丽珠　吴艳青
编　委：苏婷婷　毛一冉　林秀花　缪雯晓　林春菱
樊丽青　郑金龙　徐　晶
编　者：（按姓氏笔画排列）
王素妍　王凯运　王彩君　王群英　毛一冉
邓　榕　叶　薇　叶琪慧　叶青楠　叶秀珍
叶安妮　刘丽英　刘尧芳　刘丹霞　江少娜
汤妍妍　许蓉蓉　苏婷婷　杜芳静　李　玲
李　霏　杨美丽　吴　茜　吴海云　汪梅英
张丽珠　张丽珍　张丽英　陈雪梅　陈丽琼
陈小芹　陈小华　陈希茂　范珊珊　范燕虹
范丹华　林　琳　林艳春　林碧羡　林梅军
林怡凡　林丹丹　郑耿华　施艾萌　姜　靓
郭丽声　郭阿苏　唐雪颖　黄玉萍　黄小平
黄晓玲　黄爱萍　黄海珍　梁素静　彭小育
彭颖琳　蒋红燕　傅春霞　锜秀萍　蔡　炜
樊丽青

前言

《幼儿这样玩球》是福建省幼儿教育吴海云名师工作室团队自2017年5月开始，为期三年多的实践与研究成果。三年多来，吴海云名师工作室团队以《幼儿园工作规程》《幼儿园教育指导纲要（试行）》《3～6岁儿童学习与发展指南》为指导，以提升教育质量、切实促进幼儿身心和谐发展为目标，以遵循幼儿身心发展规律、学习方式与学习特点为原则，以有效开展幼儿园体育活动为夙愿，在教育实践的基础上展开系统研究。这本书，是幼儿园体育课程实施研究与实践对话的产物。

一、本书的内容与结构

篮球和足球是幼儿喜爱的运动器材，也是各级各类幼儿园比较普及的运动器材。幼儿玩篮球游戏基本上是用手操控球，玩足球游戏基本上是用脚操控球，涉及的操控性动作技能有拍、抛、接、推、传、拨、踢、踩等，涵盖了幼儿操控性动作技能的核心动作。因此，篮球游戏和足球游戏是幼儿发展操控性动作技能的理想载体。我们根据教育实践中教师组织体育活动的需求，设计了本书的内容与结构。

本书分为“篮球篇”和“足球篇”两个部分，每个部分包括概述和游戏实例。

幼儿篮球（足球）游戏及基本动作概述中重点介绍了幼儿篮球

（足球）的动作发展特点以及基本动作技术和相应的锻炼价值。我们在参考相关文献的基础上，梳理、提炼大量教育实践案例中的幼儿动作发展特点并细化。这部分内容能帮助教师了解并掌握幼儿操控篮球（足球）的动作发展特点和发展轨迹，以便在实践中观察幼儿动作发展水平并提供相应的支持。篮球（足球）基本动作技术和锻炼价值是幼儿教师组织篮球（足球）游戏需具备的知识，能帮助教师观察幼儿篮球（足球）游戏中蕴含的基本操控性动作技能以及了解这些操控性动作技能与身体素质发展的关系。

幼儿篮球（足球）游戏案例是本书的主要内容。这些游戏案例，是我们2017年省级立项课题“核心素养视域下开展幼儿球类游戏活动的实践研究”的部分研究成果。

本书通过以上内容，将教师组织篮球（足球）游戏“教谁、教什么、怎样教”的知识进行有机整合，为教师提升组织篮球（足球）游戏的专业素质和实践能力、提高幼儿体育活动的质量，提供很好的专业指导。同时，本书为教师开展篮球（足球）游戏提供素材与依据，有利于发挥教师在教育过程中的主动性和灵活性。

二、本书游戏实例的特点

本书的主要内容是幼儿篮球（足球）游戏实例。这部分内容主要有以下特点。

第一，整合性。每个游戏实例既关注幼儿动作的发展，还关注幼儿运动认知、运动社会、运动创意的发展，将幼儿的语言表达能力、倾听能力以及运动中健康勇敢、不怕困难、积极探索等品质的培养融入其中，涵盖了“趣、体、德、智”等素养目标。

第二，层次性。本书的游戏实例按幼儿身心发展特点和动作发展轨迹安排，能帮助教师基于幼儿的动作发展水平科学地选择运动内容，确保幼儿运动的科学性、有效性，提高运动质量。同一动作发展水平罗列了多个游戏活动，这些游戏活动都能促进这一水平幼儿动作的发展，罗列的目的是让教师有选择游戏的空间。

第三，实用性。本书的每一个游戏都有总目标及核心动作。核心动作是幼儿篮球（足球）游戏中的关键经验。每个游戏紧紧围绕核心动作展开阶段性的游戏活动，每一阶段的游戏有阶段游戏目标、准备、玩法、指导语、观察要点、幼儿可能出现的表现、支持性策略以及开展游戏的注意事项等内容。材料与环境、玩法图文并茂，便于读者一目了然地阅读。指导语是教师组织活动时与幼儿交流谈话的要点，一般以问题、情境或承接前一阶段游戏的语言呈现。观察要点是教师在游戏中的观察方向，能帮忙教师有目的地观察幼儿的活动。幼儿可能出现的表现中列举编写者在活动中观察到的现象。支持性策略是针对观察到的现象，结合幼儿的发展水平采取的教育措施。实例以这样的结构呈现，能让教师明确“教什么”以及“怎样教”。实例中很多游戏是幼儿自主和环境、材料互动生成的，教师在使用时可根据园所环境、幼儿的兴趣以及发展水平进行改编。

第四，安全性。本书游戏实例的材料与环境都写明了运动场地的材质、运动器材的规格，且图文并茂，能提醒教师选择适宜的运动场地、提供合适的运动器材开展体育活动，避免因场地与器材的不适宜而出现安全隐患。本书的游戏都是实践过的，如果后面有“注意事项”的内容，教师要仔细阅读。同时，教师要仔细研读每个基本动作的动作要领，引导幼儿尽量用正确的动作进行游戏活动，避免因动作不正确而引发安全问题。教师还要关注幼儿动作发展的全面性，避免让某一用力部位长时间游戏，造成肌肉和骨骼发展不均衡甚至损伤的现象。

三、本书的编写分工

本书的编写人员是吴海云名师工作室成员、研修人员及其所在幼儿园的一线教师。

幼儿篮球（足球）游戏及基本动作概述由吴海云和全胜编写。

篮球篇游戏实例由莆田市城厢区南门幼儿园、厦门市湖里幼儿园、厦门市翔安区内厝第一幼儿园、厦门市翔安区新店第二中心幼儿园、福建省幼儿高等专科学校附属第二幼儿园、厦门市湖里区教师进修学校、厦门市翔安区教师进修学校的教师执教、编写与指导，由苏婷婷、毛一冉统筹。

足球篇游戏实例由建瓯市实验幼儿园、建瓯市东游中心幼儿园的教师执教、编写与指导，由张丽珠统筹。

全书由吴海云、全胜统稿。

四、致谢

三年多来，从吴海云名师工作室团队组建到本书的出版，我们得到了很多支持和帮助。感谢福建省教育厅、福建省教育学院、福建省中小学教师继续教育指导中心以及福建省幼儿教师培训中心对我们团队组建、活动开展、活动经费等的大力支持，为我们搭建平台，陪伴着我们经历了一次次的研究历程。感谢南平市教育局、南平市教育科学研究院、建瓯市教育局、建瓯市实验幼儿园领导对本研究的开展给予的诸多支持。

感谢福建幼儿高等专科学校彭琦凡教授、华东师范大学柳倩副教授，他们一直关注团队的发展，每一次的点拨都能给我们指引方向。

感谢深圳大学陆克俭博士、宁波大学汪超副教授，他们的教育理念给予我们很大的启示。感谢上海潘浩瀚、广州辛小勇、南京赵锐等全国知名的幼儿体育名师，他们为我们团队分享了宝贵的教育经验。

感谢工作室全体成员、研修人员及一直以来坚持参与幼儿体育研究的园所的支持，他们戮力同心、勇于实践、积极探索，为本书的撰写提供宝贵的实践经验。

本书参考和引用了国内外学者的著述，在此表示诚挚的感谢！

由于编写时间紧，难免存在纰漏以及不足之处，恳请专家和读者批评指正，也希望能得到更多的研究者和一线教师的意见反馈，以便我们进一步修正。

吴海云

2020年11月

目录

篮球篇

幼儿篮球游戏及基本动作概述/3
一、幼儿篮球基本动作发展特点/3
二、幼儿园开展幼儿篮球活动的关注点/7
三、幼儿篮球基本动作要领及锻炼价值/8
幼儿篮球游戏实例/9
一、滚球游戏/9
游戏一　滚滚乐/9
游戏二　我和球宝宝亲密接触/14
游戏三　带着球儿散步去/19
游戏四　滚球乐翻天/23
游戏五　斜坡历险记/27
游戏六　朝一定方向滚球/32
游戏七　单手滚球/34
游戏八　大家一起来滚球/37
游戏九　胯下滚球/43
游戏十　疯狂保龄球/49
游戏十一　大力士滚大轮/54
二、拍球游戏/59
游戏一　拍球乐/59

游戏二　拍球小达人/62
游戏三　原地拍球/65
游戏四　随乐拍球/68
游戏五　左手右手拍拍乐/71
游戏六　行进运球/75
游戏七　揪尾巴/78
游戏八　老鹰捉小鸡/80
游戏九　运球大闯关/84
游戏十　丛林探险/89
游戏十一　运球捡果子/94
三、抛球游戏/101
游戏一　抛抛乐/101
游戏二　飞吧，球宝宝！/104
游戏三　越过彩虹线/107
游戏四　飞翔的小鸟/110
游戏五　小刺猬采果子/114
游戏六　小超人有本领/117
游戏七　勇敢小兵/120
游戏八　荒岛奇遇/123
四、接球游戏/127
游戏一　自抛自接乐/127
游戏二　看谁接得多/129
游戏三　自抛自接球/133
游戏四　接球小能手/136
游戏五　会反弹的球/138
游戏六　趣味双龙戏珠/142

足球篇

幼儿足球游戏及基本动作概述/149

一、幼儿足球基本动作发展特点/149

二、幼儿园开展幼儿足球活动的关注点/150

三、幼儿足球基本动作要领及锻炼价值/151

幼儿足球游戏实例/154

嗨，足球！(集中教学活动)/154

游戏一　快乐停球/156

游戏二　快乐踩球/158

游戏三　红绿灯/161

游戏四　小球跳起来/163

游戏五　过草地/165

游戏六　足球宝宝去旅行/168

游戏七　好玩的大球/170

游戏八　喂喂小动物/173

游戏九　搓汤圆/175

游戏十　木头人/178

游戏十一　小企鹅夹球走/180

游戏十二　小兔捉蝴蝶/183

游戏十三　小球进山洞/185

游戏十四　小刺猬回家/188

游戏十五　穿越隧道/192

游戏十六　踢踢乐/195

游戏十七　吹泡泡/196

游戏十八　小球爬山坡/197

游戏十九　停车场/198

游戏二十　有趣的路/201

游戏二十一　抢球了/205

游戏二十二　搬运工/207

游戏二十三　倒车真有趣/209

游戏二十四　小球跳舞/212

游戏二十五　小球快回家/213

游戏二十六　夹球跳/215

游戏二十七　传球真有趣/219

游戏二十八　火山爆发/222

游戏二十九　打怪兽/225

游戏三十　遛狗狗/229

游戏三十一　进山洞/231

游戏三十二　踢球过洞/234

游戏三十三　数字踢踢乐/236

游戏三十四　小球别跑/238

游戏三十五　老狼老狼几点钟/241

游戏三十六　老鹰捉小鸡/244

游戏三十七　谁是球王/248

游戏三十八　我是小球员/252

附　录

篮球游戏实例汇总表/259

一、滚球游戏/259

二、拍球游戏/265

三、抛球游戏/271

四、接球游戏/274

足球游戏实例汇总表/278

篮球篇

幼儿篮球游戏及基本动作概述

篮球运动涵盖了跑、跳、传、投、拍等多种身体运动形式。幼儿利用篮球玩的篮球游戏，常有滚球、拍球、抛球、接球、投篮等。幼儿经常玩篮球游戏，能有效发展拍球、抛球、接球、投球等操控性动作技能和位移性动作技能，发展上肢力量以及身体的协调性、灵敏性，提高手眼协调能力、视觉运动能力，有效促进幼儿身体素质的提高和身体机能的全面发展。

一、幼儿篮球基本动作发展特点

幼儿篮球基本动作包括幼儿在玩篮球游戏中产生的滚球、拍球、抛球、接球、投球等。

（一）滚球

3～6 岁幼儿滚球动作的发展，从不会用手臂、手腕、手指协调发力滚球，逐渐过渡到能协调发力滚球，且球滚的距离长，具有一定的方向性，能击中物体。

表 1　幼儿滚球动作发展水平及特点

动作发展水平	水平一	水平二	水平三	水平四
年龄段	3～4 岁	3～4 岁	4～5 岁	5～6 岁
特点	·滚球时手臂和身体配合不协调，常手臂用力。	·滚球时手臂和身体配合协调能力加强，球滚动距离加大。	·可以以不同的身体姿势、单手或双手向不同的方向滚球。	·滚球时全身协调用力，具有一定的准确性，可以滚球击中目标。

续表

动作发展水平	水平一	水平二	水平三	水平四
特点	·手眼配合不协调，手常接触不到球。 ·手指末端用力，常把球向上挑起，很少能指向目标方向。 ·双臂不能均匀用力。	·手眼配合基本协调，每次滚球都能接触到球。 ·双臂能均匀有力地控制球。 ·可以在不同材质和高结构的物体上滚球。	·可以进行合作性滚球游戏。	·可以在不同材质和结构的物体上滚球击物。 ·手臂有时可以快速有力地滚球。 ·可以把滚球的动作迁移到滚其他物体的动作中去。

（二）拍球

3～6 岁幼儿拍球动作的发展，从球离手后无法再拍到球，逐渐过渡到能自如地拍球。当能自如拍球后，幼儿能变化着花样拍球。

幼儿拍球时用手情况：从单手拍球逐渐过渡到双手交替拍球，再到双手拍两球。

幼儿拍球时身体位置情况：从定点拍球到移动身体拍球。

幼儿拍球时的身体姿势：从站立体前拍球，到变换身体姿势拍球（半蹲拍球、全蹲拍球、坐着拍球、跪着拍球及体侧拍球、身后拍球、胯下拍球、双手交替反弹拍球等）。

幼儿运球路线：从直线移动拍球到往返移动拍球，再到曲线移动拍球、变向移动拍球等。

表 2　幼儿拍球动作发展水平及特点

动作发展水平	水平一	水平二	水平三	水平四
年龄段	3～4 岁	3～4 岁	4～5 岁	5～6 岁

续表

动作发展水平	水平一	水平二	水平三	水平四
特点	·手和球的节奏无法协调统一。 ·可以模仿拍球的动作，在球离手后做无节奏的拍球动作，但很难再次接触球面。	·手和球的节奏基本协调统一，再次触及球面的次数显著增多。 ·拍球动作泛化，用整个手臂拍动，动作较费力，手用力不均衡，球往往越拍越低；拍球持续性较差，球较快便无法弹起。	·手和球的节奏协调统一，可以调整拍球的节奏。 ·拍球动作初步分化，手臂可以协调有力地拍球，有时不能控制球的落点，出现追球跑的现象。 ·基本可以进行行进间拍球，初步具有用眼睛的余光结合动作控球的能力。	·拍球动作出现巩固和分化的特点，眼手协调统一，手和球的节奏协调统一。 ·手臂可以协调有力地拍球，能控制球的落点、方向并进行行进间拍球。 ·可以进行高低位运球和过障碍运球等动作。

（三）抛球

3～6岁幼儿双手抛球的动作发展，从不能协调发力抛球、球抛得低、不能控制抛球的方向，过渡到能全身协调用力、能自主控制抛球的方向和距离。

表3　幼儿抛球动作发展水平及特点

动作发展水平	水平一	水平二	水平三	水平四
年龄段	3～4岁	3～4岁	4～5岁	5～6岁

续表

动作发展水平	水平一	水平二	水平三	水平四
特点	• 预备动作：身体直立，原地不动；手臂伸直，手心向上。 • 抛球时手臂僵直，活动范围小；主要依靠向上挥臂的力量抛球。 • 双手用力不均，不能控制抛球方向及抛球的高度；手眼不协调。	• 预备动作：身体直立，原地不动；手臂伸直，手心向上。 • 能通过摆动双臂将球抛起。 • 抛球时双手均匀用力，但力量、方向的控制还存在问题；手眼配合基本协调。 • 抛球后有缓冲动作。	• 预备动作：双脚分开、屈膝；手臂稍微弯曲，手心向斜上方。 • 能通过蹬伸、摆动双臂将球抛起。 • 能通过有效摆臂、双手均匀用力将球抛起一定的高度，并能击中目标；手眼配合协调。 • 抛球后有缓冲动作。	• 预备动作：双脚分开、屈膝；手臂稍微弯曲，手心向斜上方。 • 能通过蹬伸、摆动双臂、压腕和拨指将球抛起。 • 能主动调节抛球高度和方向；可以屈臂胸前抛球，并击中目标；手眼配合协调。 • 抛球后有缓冲动作。

（四）接球

3～6 岁幼儿双手接球的动作发展，从不能判断和跟踪球的飞行轨迹，逐渐过渡到能调整身体位置和姿势主动迎球、接球。

表 4　幼儿接球动作发展水平及特点

动作发展水平	水平一	水平二	水平三	水平四
年龄段	3～4 岁	4～5 岁	5～6 岁	5～6 岁
特点	• 预备动作：身体直立，原地不动；手臂伸直，手心向上向前伸出。	• 预备动作：身体直立，原地不动；手臂伸直，手心向上向前伸出。	• 预备动作：屈膝、双脚前后站立；手向来球方向手心朝内向前伸出。	• 预备动作：屈膝、双脚前后站立；手向来球方向手心朝内向前伸出。

金教鞭

续表

动作发展水平	水平一	水平二	水平三	水平四
特点	• 依靠手臂接球；接球时把头转到侧面或者闭上眼睛，害怕飞来的球。 • 反应延迟，球经常弹开或穿过双臂空隙而掉落，有时甚至会因球的惯性而摔倒；接球后没有缓冲动作。	• 依靠手臂接球；接球时头朝向来球方向，当球碰到手臂后会屈肘抱球。 • 能够接住抛到胸前和手臂上的球。	• 主要依靠手臂接球；当球碰到手臂后会屈肘抱球。 • 能够接住抛到胸前和手臂上的球；身体会后移一小步缓冲，但不协调。	• 能自然张开手指，双手接球，在接球瞬间会出现屈肘抱球动作。 • 会在一定范围内调整、移动身体和手臂位置接球；能接住不同方向的来球；身体会后移一小步缓冲，但不协调。

二、幼儿园开展幼儿篮球活动的关注点

幼儿篮球活动的目标重在培养幼儿对篮球的兴趣，让幼儿在自发、自主、愉悦而富有创造性的游戏氛围中，自然习得走、跑、跳等基本动作技能和拨球、拍球、抛球、接球等操控性动作技能，提高身体的协调性、灵敏性，平衡上下肢力量，并形成积极主动、认真专注、善于探索、不怕困难、坚持挑战、乐于合作等良好品质。因此，幼儿园开展篮球活动，应以幼儿为本，遵循幼儿动作发展的特点，为幼儿创设适宜的运动环境，让幼儿体验、感受篮球游戏的乐趣，产生积极的运动情感。同时，应关注幼儿动作发展的全面性，避免进行专项训练，避免让幼儿长时间过度使用某一肌群和关节，造成肌肉和骨骼发展不均衡的现象。

三、幼儿篮球基本动作要领及锻炼价值

（一）滚球

动作要领：双手的手指自然张开，用指根和手指接触球，手心空出。滚球时，目视前方，用伸臂和屈腕指的力量拨滚球。双手滚球时双手用力要均匀。

锻炼价值：锻炼手指、手腕，发展上肢力量及操控球的能力。

（二）拍球

动作要领：两脚自然开立，上体稍前倾，五指自然张开，手心空出，手腕、手臂配合有节奏地拍球，手随球上下移动。

锻炼价值：发展手眼协调能力以及上肢的力量。

（三）向上抛球

动作要领：两脚左右开立，双腿自然弯曲，双手的手指自然张开，两手大拇指朝上，用指根以上部位持球，手心空出；双手持球置于身体下方位置。抛球时眼睛跟随球的方向，挥臂、屈腕指，两臂一起发力将球向上抛出。

锻炼价值：锻炼手指、手腕，发展全身协调能力。

（四）双手胸前传球

动作要领：持球时，双手的手指自然分开，拇指形成“八”字形，用指根以上部位握球的侧后方，手心空出，两肘自然弯曲于体侧，将球置于胸前。肩、臂、腕部肌肉放松，两眼注视传球目标，身体保持基本站位姿势；传球时，后腿蹬地，身体重心向前移动，两臂前伸，手腕由下向上翻转，同时拇指用力向下压，食指、中指用力弹拨，将球传出。出球后手心和拇指向下，其余手指向前。

锻炼价值：锻炼手指、手腕，发展上肢力量及全身协调能力。

（五）接球

动作要领：两眼注视来球，双手的手指自然分开，两拇指相对呈“八”字形，两手成半圆形（球形）。来球前，主动伸臂迎球，肩、臂、腕、指放松；接球时，指端先触球，同时两臂随球后引缓冲来球力量，把球置于胸腹之间。

锻炼价值：锻炼上肢力量、手眼协调能力和反应能力。

幼儿篮球游戏实例

一、滚球游戏

游戏一　滚滚乐

动作发展水平	水平一
年龄段	3～4 岁
核心动作	滚球
游戏总目标	· 尝试滚球，发展上肢力量及身体协调能力。 · 愿意参与滚球游戏，积极探索滚球的方法。
观察要点	· 幼儿能否接触到球。 · 幼儿手臂是否用力。 · 球滚动的距离长短。

初始游戏　自由滚球

目　标

· 尝试让球滚动，感知球能滚动的特性。

准　备

材料：乒乓球、篮球、垒球、瑜伽球等大小不同的球若干。

环境：宽敞平坦的场地。

玩　法

幼儿按意愿选择自己喜欢的球，在宽敞平坦的场地上自由滚球。

指导语

小朋友们，今天老师给你们准备了很多球，请你们挑选自己喜欢的球，让球滚动起来。

观察要点

·幼儿能否接触到球，手臂是否用力；球滚动的距离长短。

·幼儿对材料的选择情况。

·幼儿在游戏中的情绪表现。

幼儿可能出现的表现

·选择乒乓球、垒球，单手或双手举起球向下砸，球向前弹跳滚动。

·蹲下来，掌心向前、手指向下将球向前滚出，但是两手没有同时发力，一只手将球挑起，球滚动距离短，过程中出现弹跳。

·用手拨动球，让球向前滚动。

·发现自己的球向前滚动时，高兴地追着球跑动，游戏持续时间较长。

支持性策略

·组织幼儿讨论交流：什么球容易滚动？

·向幼儿示范滚球的正确动作，指导幼儿掌握正确的滚球方法。

·鼓励幼儿继续玩双手交替拨球等游戏，提高对球的敏感性。

推进一　滚大球

目　标

·尝试用手掌触球面推动球，感知球性。

·练习滚球动作，发展身体的协调性及手臂力量。

准　备

材料：瑜伽球等大球若干。

环境：宽敞平坦的场地。

玩　法

幼儿人手一个大球，在宽敞平坦的场地上，用双手让球滚动起来。（参见图 L1-1、图 L1-2）

图 L1-1

图 L1-2

指导语

小朋友们，前几天我们玩了不同的球，今天老师准备了大球，我们一起让大球滚动起来吧！

观察要点

- 幼儿双手手掌能否接触球面，手臂的用力情况；球滚动的距离长短。
- 幼儿游戏的持续性。

幼儿可能出现的表现

- 用手指拨动球，手臂没有用力，球滚动距离短。
- 屈臂、五指向上，手掌触球，两臂用力将球向前推动。
- 双手不停交替用力使球向前滚动一定距离。
- 喜欢滚大球并追着球跑。

支持性策略

- 提供不同的环境如草地、石子地面、斜坡等，鼓励幼儿用正确的滚球动作让大球滚动起来，与同伴一起游戏。（参见图 L1-3 至图 L1-6）

图 L1-3

图 L1-4

图 L1-5

图 L1-6

推进二　碰碰车

目　标

· 能用手掌触球面推动球，让球朝一定方向滚动。

· 练习滚球动作，发展身体的协调性及手臂力量。

准　备

材料：瑜伽球等大球若干。

环境：宽敞平坦的场地。

玩　法

幼儿人手一个大球，在宽敞平坦的场地上，听指令朝一定方向滚球。（参见图 L1-7）

图 L1-7

指导语

小朋友们，今天我们一起来玩“碰碰车”游戏。音乐响起，小朋友开着大球汽车边推边走；音乐停止，就找到好朋友，用自己的球和他的球碰一碰。开始游戏吧！

观察要点

· 幼儿手臂是否用力均匀；球滚动的距离长短。

· 幼儿能否听指令进行游戏。

· 幼儿游戏持续的时间。

幼儿可能出现的表现

- 手臂用力不均匀，球滚动的距离短。
- 未听指令滚球，滚球方向偏离方向。
- 喜欢边滚球边发出“呜——”的声音。

支持性策略

- 可设置“大马路”场景，引导幼儿根据指令将球往一定方向滚动。
- 提供小球，鼓励幼儿继续探索滚球的方法。

推进三　滚球了

目　标

- 尝试双手滚球，发展身体协调性及手臂力量。

准　备

材料：篮球若干。

环境：宽敞平坦的场地。

玩　法

幼儿人手一个篮球，在宽敞平坦的场地上，用双手让球滚动起来。（参见图 L1-8、图 L1-9）

图 L1-8

图 L1-9

指导语

小朋友们玩过好玩的大球，但有的小朋友想玩小球。今天有很多小篮球，大家试试怎样让篮球滚起来。

观察要点

- 幼儿双手能否触到球，幼儿手臂的用力情况；球滚动的距离长短。

· 幼儿游戏持续的时间。

幼儿可能出现的表现

· 抱着球从上往下扔，球边弹跳边滚动。

· 蹲下来，屈臂、双手手指相对持球，两臂用力将球向前推动。

· 蹲下来，双手持球，手指向下，两臂均匀用力将球滚出一定的距离。

· 喜欢追着滚动的球跑。

支持性策略

· 提供不同的环境如草地、石子地面、斜坡等，鼓励幼儿用正确的滚球动作让篮球滚动起来。（参见图 L1-10、图 L1-11、图 L-12）

图 L1-10

图 L1-11

图 L1-12

（杨美丽执教，梁素静编写，郑耿华指导）

游戏二　我和球宝宝亲密接触

动作发展水平	水平一
年龄段	3～4 岁
核心动作	滚球
游戏总目标	· 尝试用身体的各个部位与球互动，感知球是圆的、会滚、能弹跳等特性，提升肢体控球能力。 · 愿意参加玩球游戏，体验滚球的乐趣。
观察要点	· 幼儿肢体与球的主要互动方式；幼儿是否有意识并协调有力地让球向前滚动。 · 幼儿是否用手指及指根滚球，手指和手臂是否发力让球向前滚动。

初始游戏　爱游戏的球宝宝

目　标

- 自主探索不同的玩球动作，提升控球能力。
- 愿意用肢体与球互动，体验玩球的乐趣。

准　备

材料：3 号篮球、3 号波波球、羊角球（直径 40 cm）、大龙球（表面有凸起，直径 55 cm～66 cm）、瑜伽球（表面光滑，直径 55 cm～66 cm），总数达到人均 1～2 个。（参见图 L1-13）

环境：宽敞的空间。

图 L1-13

玩　法

幼儿选择自己喜欢的球，自由探索玩球的方法，探索用身体不同部位与球的互动方式。（参见图 L1-14 至图 L1-20）

图 L1-14

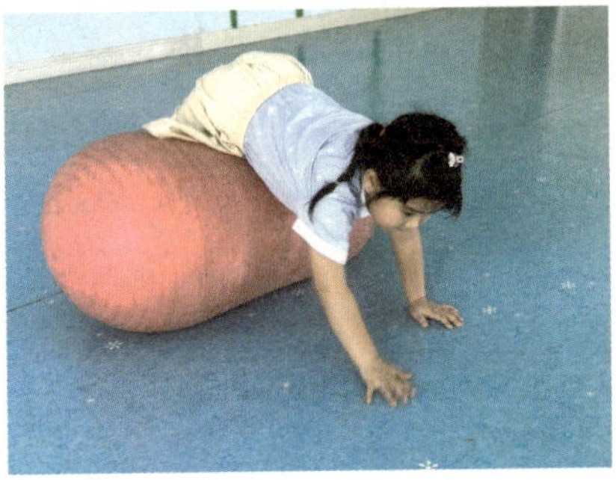

图 L1-15

图 L1-16

图 L1-17

图 L1-18

图 L1-19

图 L1-20

指导语

球宝宝今天想找小朋友一起玩游戏。每个小朋友选择自己喜欢的球宝宝，试一试、玩一玩，看看和球宝宝可以怎么玩游戏，看看谁的玩法多。

观察要点

· 幼儿是否主动用肢体让球滚动、弹跳。

· 幼儿不同身体部位与球的互动方式。

幼儿可能出现的表现

· 手部与球的互动：滚、抛、拍、推等。（1）滚球时双臂用力不均，手指会把球挑起，导致滚球距离较短或方向偏移；个别幼儿能通过手指、手臂协调发力将球推滚出去，距离达到1 m～2 m。（2）抛球时易手臂僵直、用力不均；个别幼儿可抛高过头顶，但当球落下时易下意识躲球。（3）拍球时球离手后，手能再次触及球面若干次，但拍球动作较无节律，一般拍 2～3 次后球就会自然滚落。

· 腿部与球的互动：用脚趾或前脚掌踢或推球，球短距离滚动；有时没踢准球，身体站立不稳。

· 腹部与球的互动：用身体压在大龙球上或用腹部推滚大龙球等。

支持性策略

· 进一步鼓励幼儿体验用身体各部位与球互动；营造宽松的氛围，肯定幼儿各种感受球性的玩法，鼓励幼儿尝试不一样的玩法。

· 在地面放置大的目标物，诱发幼儿向目标物滚球。

注意事项

· 提醒幼儿选择空旷、人少的区域进行游戏，防止碰撞、挤压、拥挤等。

推进一　贪吃的球宝宝

目　标

· 体验利用身体各部位让球滚动起来，感受球是圆的、会滚动等特性。

· 有意识地让球向前滚至 1 m 以外，并减少球向前滚动时路线偏移的次数。

· 增强动作协调性及肢体控球能力。

准　备

材料：（1）3 号篮球、3 号波波球、羊角球、大龙球、瑜伽球，总数达到人均 1～2 个。（2）折叠垫（180 cm×60 cm）3～5 块。（3）美食玩具 3～5 种。（参见图 L1-21）

图 L1-21

环境：设置起点线，起点线前方 1 m～2.5 m 处摆放折叠垫，每个折叠垫前摆放一种美食玩具，创设“美食屋”情景。（参见图 L1-22）

图 L1-22

玩　法

幼儿自主选择球和起点线，用身体各部位让球从起点线向前滚至“美食屋”。（参见图 L1-23、图 L1-24、图 L1-25）

图 L1-23

图 L1-24

图 L1-25

指导语

今天美食屋开张了，想邀请球宝宝去品尝美食。请小朋友带上自己喜欢的球宝宝，想办法让球宝宝笔直向前滚到美食屋，看看谁的球宝宝吃到的美食最多。

观察要点

· 幼儿肢体是否协调有力滚球。

· 球是否沿直线向前滚动。

· 球滚动的距离是否超过 1 m。

幼儿可能出现的表现

· 用手、脚、头、屁股、腿等身体部位触球。

· 用手滚球时，手掌紧贴球面，掌心未空出。

· 用力不均衡导致球中途偏离直线运动轨迹。

· 身体部位触球位置不当，导致球受力点偏移，无法向前滚动。

· 肢体能较协调控球的幼儿能将球沿直线滚 1 m～3 m，成功滚至各“美食屋”。

支持性策略

· 根据幼儿需要，将起点线与“美食屋”的距离拉长至 2 m～4 m，提高挑战性。

· 提供宽度小于 60 cm 的地垫或木板，帮助幼儿将球滚得更远、更直，提升控球能力。

· 为在游戏中双手滚球表现较好的幼儿提供展示机会，分享他们的玩法和经验；也可通过平行介入的方式与幼儿共同游戏，引导幼儿学习双手滚球。

（傅春霞执教、编写，苏婷婷指导）

游戏三　带着球儿散步去

动作发展水平	水平二
年龄段	3～4 岁
核心动作	双手滚球
游戏总目标	• 尝试在不同平面上滚球并能滚出一定距离，提高手腕、手臂力量和控球能力。 • 感受与同伴一起游戏的快乐。
观察要点	• 幼儿能否每次触到球；幼儿能否压腕并用手指有力拨球；幼儿的左右手是否均匀用力。 • 幼儿的手臂、肩、肘、腕关节的整体协调情况；幼儿是否有身体带动手臂的动作。

初始游戏　球儿散步去

目　标

• 能双手触球，尝试让球滚动起来。

准　备

材料：(1) 3 号篮球、5 号篮球，总数达到人均1～2个。(2) 地垫（100 cm×50 cm×5 cm）若干，木板（180 cm×10 cm）若干。

环境：多种不同材质的宽敞平坦的场地，如沙地、草地、塑胶地等。

玩　法

幼儿自主选择不同大小的球，在不同场地上滚球。（参见图 L1-26、图 L1-27、图 L1-28、图 L1-29）

图 L1-26

图 L1-27

图 L1-28

图 L1-29

指导语

球儿们吃得饱饱的，我们带着球儿去散散步吧。我们一起伸出手，“咕噜咕噜”滚球去吧。

观察要点

·幼儿的手触球的部位、动作。

·幼儿的不同滚球方法及持续时间。

·幼儿手臂及手腕控制球的动作、力度和身体协调性等。

幼儿可能出现的表现

·手触球的顶部，用大拇指和手掌的力量将球滚出。

·在沙地、草地滚球的幼儿，需要多次触球。

·能顺利滚动球，但由于肩、肘、腕关节的整体协调不足，球常常四处滚动。

支持性策略

·平行介入游戏，示范滚球动作，引导幼儿了解手的触球部位以及手腕和指尖协力持球、滚球的方式。

·提供更多样的平面如阻力较大的凹凸不平的网格，支持幼儿在游戏中多次触球，积累触球角度等动作经验，感受在不同阻力的平面上滚球时手部力量的差异和协调。

推进一　花样世界逛一逛

目　标

·尝试在不同触面滚球，双臂均匀、有力，提升手眼协调能力。

准　备

材料：(1) 3号篮球、5号篮球，总数达到人均1～2个。(2) 彩色塑料棒（长100 cm、直径3 cm）10条、尼龙网格（200 cm×100 cm）1张。（参见图L1-30、图L1-31）

环境：宽敞的场地上，幼儿自主摆放塑料棒和网格。

图 L1-30

图 L1-31

玩　法

幼儿双手持球，自主选择不同的路面滚球。(参见图 L1-32、图 L1-33)

图 L1-32

图 L1-33

指导语

花样世界里有草地、网格路和彩色塑料棒障碍路等，我们伸出小手让球滚起来，让球在各种路上散散步吧。

观察要点

· 不同游戏场景中幼儿的滚球动作及结果。

· 幼儿滚球时手臂和身体是否能协调配合。

幼儿可能出现的表现

· 草地上滚球的幼儿能很好地控制球的滚动方向，大胆滚球。网格路上滚球，幼儿所需力度较大。彩色塑料棒设置的障碍路上滚球，幼儿需多次反复触球。

· 双手用力不均匀，出现球速过慢或滚歪等现象。

· 持球的中下部，手掌部带有“撩”的动作滚球。

· 双臂均匀、有力地拨球，手眼配合，球顺利滚动。

支持性策略

· 鼓励幼儿分享让球顺利通过各种路的经验，展示滚球动作，加强同伴间学习。

· 引导幼儿利用不同材质的材料创设游戏情境，挑战延长滚球距离，增强滚球力度，提高控制球滚动方向的能力。

推进二 大世界走一走

目 标

· 能双臂均匀用力滚球，提升手眼协调能力。

· 体验不同情境下滚球时手部力量和协调性的差异。

准 备

材料：（1）3 号篮球、5 号篮球，总数达到人均 1～2 个。（2）泡沫垫（40 cm×40 cm）5 块、塑料小栅栏（30 cm×20 cm）10 块。（参见图 L1-34）

环境：宽敞平坦的场地上，幼儿自主选择材料拼接成 2 m～3 m 长的“跑道”和“铁路”。

图 L1-34

玩 法

幼儿人手一球，自主选择游戏场景，用力将球滚过路面。（参见图 L1-35、图 L1-36）

图 L1-35

图 L1-36

金教鞭

指导语

小朋友，你们用材料铺成了长长的路，现在你们试一试，用更大的力气可不可以将球滚到路的尽头。

观察要点

· 幼儿是否有助力手臂发力的身体动作出现。

· 幼儿手臂、肩、肘、腕关节的整体协调性，以及能否加大上臂的带动力量。

· 幼儿是否能够压腕并手指有力拨球；幼儿的左右手是否均匀用力。

幼儿可能出现的表现

· 手指、手腕和手臂协调不够，手眼配合不够，导致球中途滚出平面。

· 仅用手腕或者手臂发力拨球，瞬间爆发力不足，球短距离滚动后停下。

· 能用身体带动手臂，全身协调有力，球顺利滚过平面。

支持性策略

· 鼓励幼儿分享自主设计的游戏情境，交流让球滚得更远的方法。

· 鼓励幼儿展示自己的滚球动作，重点突出手眼协调、身体带动手臂发力滚球的要点。

（李玲、杨美丽执教，李玲、梁素静编写，苏婷婷、毛一冉指导）

游戏四　滚球乐翻天

动作发展水平	水平二
年龄段	3～4 岁
核心动作	在不同材质的平面上滚球
游戏总目标	· 尝试双手均匀、有力地在不同材质、宽度的平面上将球滚向终点，提升上肢力量，提高动作灵敏性、协调性和视觉运动能力。 · 愿意参加滚球活动，体验滚球的快乐。
观察要点	· 幼儿双手是否均匀有力地控制球。 · 幼儿能否压腕，手指是否有力拨球。 · 幼儿能否全身协调用力，随平面材质的不同调节滚球动作。

初始游戏　网格小路滚球乐

目　标

·尝试手腕压腕、手指有力拨球的滚球动作，提升手部滚球力量。

·探索在有一定阻力及一定宽度的材料上滚球。

准　备

材料：5 号篮球、瑜伽球，总数达到人均 1～2 个。

环境：宽度为 30 cm～100 cm 的多种网格平面。（参见图 L1-37、图 L1-38）

图 L1-37

图 L1-38

玩　法

幼儿自主选择不同大小的球，在不同宽度的网格平面上滚球。（参见图 L1-39、图 L1-40）

图 L1-39

图 L1-40

指导语

小朋友们，选择你自己喜欢的球，想办法让球滚过网格。

观察要点

· 幼儿滚球时能否双手均匀用力将球拨出。

· 幼儿是否能够压腕、手指有力拨球。

· 幼儿游戏持续的时间。

幼儿可能出现的表现

· 拨球力度不足，导致球中途停下，无法滚过网格。

· 仅用手腕或者手臂发力拨球。

· 双臂均匀、有力地拨球，球顺利通过网格。

支持性策略

· 鼓励滚球成功的幼儿展示滚球动作，分享滚球经验。

· 支持幼儿利用原有中型器械滚球的兴趣。鼓励滚球成功的幼儿进一步增大难度，加大平面阻力、缩小平面宽度，尝试选择不同材质、不同宽度的平面进行滚球。

推进一　过桥探险

目　标

· 尝试手眼配合，双臂均匀、有力地滚球，提升手臂滚球力量及手眼协调能力。

· 探索在不同材质及宽度的材料上滚球，提高滚球动作的爆发力。

准　备

材料：5 号篮球、瑜伽球，总数达到人均 1～2 个。

环境：宽度为 20 cm～60 cm 的多种凹凸面。（参见图 L1-41）

图 L1-41

玩　法

幼儿自主选择不同大小的球，挑战在不同材质的材料上滚球。（参见图 L1-42、图 L1-43）

图 L1-42

图 L1-43

指导语

小朋友们，前几天你们想了很多好办法在梯子和网格上滚球，今天我们试试在平衡桥、钻筒的顶部滚球。小朋友可以边滚边想怎样滚能挑战成功，让小球顺利到达终点；也可以挑战其他的路线滚球哟。

观察要点

- 幼儿能否随平面的变化调整滚球动作。
- 幼儿滚球时全身是否协同用力、爆发力如何。
- 幼儿滚球时手眼是否协调配合，双臂是否用力均匀，能否控制球滚动的方向。

幼儿可能出现的表现

- 推球瞬间爆发力不足，双臂用力不均匀，导致球滚落。
- 手眼配合不够协调，导致球滚动方向偏离，中途滚落。
- 能手眼配合，双臂用力均匀，有一定的爆发力，球顺利滚过材料。

支持性策略

- 引导滚球成功的幼儿展示滚球动作，分享滚球经验；鼓励幼儿双臂一同用力将球滚出，眼睛看滚球的方向，缩短手臂推球后接触球的时间，快速将球滚出。
- 鼓励滚球成功的幼儿进一步自主寻找宽度更窄或阻力更大、更具挑战性的滚球情境进行滚球。

（姜靓执教、编写，林碧美指导）

游戏五 斜坡历险记

动作发展水平	水平二
年龄段	3～4 岁
核心动作	在斜坡上滚球
游戏总目标	• 尝试在斜坡上滚球，双臂用力均匀地沿斜坡方向发力将球滚出一定距离，提高全身协调性、灵敏性及上肢力量，提升视觉运动能力。 • 喜欢参加滚球活动，体验滚球的快乐。
观察要点	• 幼儿能否压腕、手指是否有力拨球，双臂是否用力均匀。 • 幼儿能否沿斜坡方向向上发力将球拨出。 • 幼儿能否全身协调用力。

初始游戏 球儿上斜坡

目 标

• 能双手均匀、有力地滚球，提升手臂滚球力量。

• 尝试在平滑的、具有一定坡度的材料上滚球，双臂用力更加均匀。

准 备

材料：（1）5 号篮球、瑜伽球，总数达到人均 1～2 个。（2）木质斜坡、木板等。

环境：搭设倾斜角度 25°～45°、坡面平滑的斜坡。（参见图 L1-44、图 L1-45）

图 L1-44

图 L1-45

玩　法

幼儿自主选择材料，将球滚上斜坡。（参见图 L1-46、图 L1-47）

图 L1-46

图 L1-47

指导语

小朋友，你们的小球在平面上已经滚得很好了，现在我们来到了斜坡前，试试看如何能让你的球滚上斜坡。

观察要点

·幼儿滚球时双手是否用力均匀，肩、肘、腕关节能否协调配合，且能否沿斜坡方向向上发力将球滚出。

·幼儿滚球时是否能够压腕、手指有力地拨球。

·幼儿游戏持续的时间。

幼儿可能出现的表现

·手指朝下，向上拨球，拨球时将球挑起。

·瞬间爆发力不足，导致球中途滚回起点。

·双臂用力拨球，球顺利滚过斜坡。

支持性策略

·鼓励顺利将球滚过斜坡的幼儿进行展示与分享，并引导其他幼儿重点观察滚球手型和用力方法。

·鼓励顺利将球滚过斜坡的幼儿尝试在阻力更大的斜坡上滚球。

推进一　凹凸不平的斜坡

目　标

·尝试在不同材质的斜坡上滚球，双臂更加有力、用力均匀。

准　备

材料：(1) 5号篮球、瑜伽球，总数达到人均1～2个。(2) 表面有凸出物的大型积塑、梯子各3～4个。

环境：搭设倾斜角度25°～45°、坡面凹凸不平的斜坡。(参见图L1-48、图L1-49)

图 L1-48

图 L1-49

玩　法

幼儿自主选择材料，将球滚上斜坡。(参见图L1-50、图L1-51)

图 L1-50

图 L1-51

指导语

小朋友，你们的小球已经能顺利滚上平滑的斜坡了。面前这几个斜坡坑坑洼洼、高高低低，你有什么方法让球滚上这样的斜坡呢？一起试一试吧。

观察要点

·幼儿滚球时双手是否用力均匀，肩、肘、腕关节的整体动作是否协调，能否用上身躯干辅助手臂同时沿斜坡方向向上发力将球拨出。

·幼儿游戏持续的时间。

幼儿可能出现的表现

·仅手臂、手腕发力滚球，缺乏肩部、上身的配合用力，球滚出后中途滚回起点。

·球滚出后，手臂持续推球时间不够长。

·手臂、手腕、肩与上身躯干协调配合用力，球滚出后手持续推球，均匀用力将球顺利滚上斜坡终点。

支持性策略

·鼓励顺利将球滚过各类材质斜坡的幼儿分享用力方法，引导幼儿借助手臂、手腕、肩与上身躯干的力量滚球。

·借助启发、引导等形式，鼓励成功滚球通过不同材质的斜坡的幼儿尝试自主搭建、选择难度更大的陡坡进行滚球练习。

推进二　挑战陡坡

目　标

·尝试在不同材质的陡坡上滚球，双臂更加有力、用力均匀，上下肢协调配合。

·体验不断挑战自我的乐趣。

准　备

材料：(1) 5 号篮球、瑜伽球，总数达到人均 1～2 个。(2) 表面有凸出物的大型积塑、木板（宽 15 cm）各 3～4 个。

环境：搭设倾斜角度 45°～60°、坡面凹凸不平的斜坡。（参见图 L1-52）

图 L1-52

玩　法

幼儿自主选择材料，将球滚上斜坡。（参见图 L1-53、图 L1-54）

图 L1-53

图 L1-54

指导语

小朋友，我们面前的坡更陡了，你的球还能顺利滚上更陡更高的斜坡吗？让我们一起来挑战。

观察要点

· 幼儿能否随游戏场景的变化调整滚球动作，能否上下肢配合同时发力滚球。

· 滚球难度增加时，幼儿是否能克服困难，坚持尝试。

幼儿可能出现的表现

· 仅手臂、手腕、肩部、上身配合用力，缺乏下肢的配合发力。

· 球滚出后，手臂持续推球时间不够长。

· 手臂、手腕、肩、上身、下肢协调配合用力，球滚出后手持续推球，用力均匀将球顺利滚上陡坡终点。

支持性策略

· 引导幼儿通过身体其他部位的配合发力，如上身与手臂一同用力、身体先蹲下后与手臂一同发力等方法，进一步增强滚球的力度。

· 鼓励滚球成功的幼儿创新滚球玩法如双人滚球、滚球击物等，进一步控制滚球的方向，提升视觉运动能力。

（姜靓执教、编写，林碧美指导）

游戏六　朝一定方向滚球

动作发展水平	水平二
年龄段	3～4 岁
核心动作	双手滚球
游戏总目标	· 尝试朝一定方向滚球，锻炼手腕关节和腿部力量，发展动作协调性，提高身体控制能力和视觉运动能力。 · 喜欢参加滚球活动，体验滚球的快乐。
观察要点	· 幼儿双臂用力是否均匀。 · 幼儿能否眼睛追随目标，朝一定方向滚动球。 · 幼儿是否出现身体带动手臂的动作。 · 球滚动的距离长短。

初始游戏　小球追大球

目　标

· 尝试朝一定方向双手滚球，提高控制能力和手眼协调能力。

准　备

材料：篮球若干，瑜伽球 1 个。

环境：在宽敞平坦的场地上，创设“兔妈妈带小兔出去玩”的游戏情境。

玩　法

教师扮演兔妈妈，滚动瑜伽球前进。幼儿扮演兔宝宝，跟随教师的方向滚动小篮球，追赶大球。（参见图 L1-60）

图 L1-60

指导语

今天老师来扮演兔妈妈，你们扮演兔宝宝。试一试让兔宝宝的球追上兔妈妈的球。

幼儿可能出现的表现

- 跟不上大球，急着用脚踢着球滚。
- 两臂均匀用力，随着教师滚球的方向滚动小篮球，且球滚动距离较长。
- 双手用力滚动球，但偏离教师滚球的方向，于是不断调整方向。

支持性策略

- 游戏过程中，鼓励幼儿用单手滚球追上大球。

推进一　送小球回家

目　标

- 探索朝一定方向双手滚球的方法，提高控球能力和手眼协调能力。

准　备

材料：篮球人手一个，塑料圈若干。

环境：利用幼儿园现有资源如小木屋、树洞等，创设“送小球回家”的游戏情境。（参见图 L1-61、图 L1-62、图 L1-63）

图 L1-61

图 L1-62

图 L1-63

玩　法

幼儿人手一个球，寻找目标物，自主选择与目标物的距离并摆放塑料圈，站在圈中将球向目标方向滚动。（参见图 L1-64）

图 L1-64

指导语

小朋友们，小球玩累了想回家，小球的家在哪儿？可以在树洞里、小木屋或雕塑下，你们自己去找找，然后找一个你觉得适合小球回家的距离摆放圈圈，站在圈圈里把小球送回家吧！

观察要点

- 幼儿能否控制好球朝一定的方向滚动。
- 幼儿能否手眼一致地将球滚向一定的方向。

幼儿可能出现的表现

- 距离目标较近时，能双臂均匀用力将球滚向目标。
- 距离目标较远时，手臂用力不够，球滚动距离短或方向偏移。
- 会主动调整距离。

支持性策略

- 幼儿可以玩滚接球游戏。

（许蓉蓉执教，杨美丽编写，陈丽琼指导）

游戏七　单手滚球

动作发展水平	水平三
年龄段	4～5 岁
核心动作	单手滚球
游戏总目标	· 尝试单手滚球，发展动作协调性，提高身体控制能力和视觉运动能力。 · 喜欢参加滚球活动，体验滚球的快乐。
观察要点	· 幼儿手臂是否用力。 · 幼儿能否眼睛追随目标，朝一定方向滚球。 · 幼儿是否出现身体带动手臂的动作。 · 球滚动的距离长短。

初始游戏　探险寻宝

目　标

- 能单手控球并滚动球通过障碍，提高身体控制能力和视觉运动能力。
- 锻炼手肘、手腕、手指关节力量及身体协调能力。

准　备

材料：篮球人手一个，平衡木若干。

环境：利用平衡木创设独木桥、弯曲的小路等情境。（参见图 L1-55、图 L1-56）

图 L1-55

图 L1-56

玩　法

幼儿人手一个球，在独木桥、弯曲的小路等地方，单手将球滚出一定的距离。（参见图 L1-57）

图 L1-57

指导语

小朋友们，前段时间我们用双手让球滚得很远很远，有的小朋友想挑战一只手滚球，我们找个地方去试试吧！

观察要点

- 幼儿能否单手滚球，是否使用优势手。
- 幼儿单手滚球时，手肘、手腕、手指是否配合用力。
- 球滚动的方向和距离如何。

幼儿可能出现的表现

- 一只手拨动球让球滚动，偶尔控制不好，出现双手滚球。
- 手腕、手指用力不均匀。有的幼儿手腕太用力导致球偏离方向，有的幼儿指尖轻轻用力导致球滚动距离短甚至没有滚动。
- 能用优势手控制好球，使球滚动一定距离；有的幼儿经过几次调整，才能发现自己的优势手。

支持性策略

·提供辅助材料，鼓励幼儿一只手持物、一只手滚球，帮助幼儿单手滚球。

推进一　送棒棒糖

目　标

·尝试一只手持物、一只手滚球，提高身体控制能力和手眼协调能力。

准　备

材料：篮球人手一个，棒棒糖若干，平衡木若干。

环境：宽敞平坦的场地。

玩　法

幼儿人手一个球，一只手持棒棒糖、一只手将球滚出一定的距离。（参见图 L1-58、图 L1-59）

图 L1-58

图 L1-59

指导语

小朋友们，你们手上都有一个球和一根棒棒糖，试试看一手滚球、一手将你的棒棒糖送给你的好朋友。

观察要点

·幼儿单手滚球时，手肘、手腕、手指是否协调用力。

金教鞭

· 幼儿游戏持续的时间。

幼儿可能出现的表现

· 一只手握住棒棒糖，一只手用手肘、手腕、手指同时发力，用力均匀，能很好地控制球，将球滚出一定的距离。

· 在平衡木上滚球的幼儿，当发现球要偏离方向时能及时调整。

· 能交替使用两只手单手进行滚球。

支持性策略

· 继续提供不同的物体让幼儿一手持物、一手滚球，激发幼儿滚球的兴趣，同时鼓励幼儿用非优势手滚球，锻炼两手都能单手滚球。

（林梅军执教，杨美丽编写，陈丽琼指导）

游戏八　大家一起来滚球

动作发展水平	水平三
年龄段	4～5 岁
核心动作	双人互相滚球
游戏总目标	· 尝试双人或多人互相滚球，提升手眼协调能力，发展手臂、手腕动作的灵敏性和协调性。 · 喜欢参加滚球活动，体验与同伴共同滚球的乐趣。
观察要点	· 幼儿能否手眼一致地控制球向指定方向滚动，进行合作性滚球。 · 幼儿的动作是否协调、连贯，手臂、手腕、手指能否协作发力。

初始游戏　双人滚球初体验

目　标

· 尝试与同伴互相滚球，自主探索双人互相滚球的方法。

· 体验与同伴游戏的乐趣。

准　备

材料：波波球、3 号篮球、5 号篮球、瑜伽球，总数达到人均 1～2 个。

环境：宽敞平坦的场地。

玩　法

幼儿两人一组，选择喜欢的球，在宽敞平坦的地面上，两人面对面，采用站、蹲、坐等不同的姿势，互相滚球。（参见图 L1-65 至图 L1-68）

图 L1-65

图 L1-66

图 L1-67

图 L1-68

指导语

小朋友们之前是一个人滚球，今天请你和你的好朋友一起来滚球。请大家选择自己喜欢的球，试试看，怎么样才能把球滚到你的伙伴那儿。小朋友们还可以尝试在不同场地、用不同姿势玩双人滚球，看看有什么不同。

观察要点

- 幼儿滚球时的姿势和动作。
- 幼儿滚球前能否观察同伴位置，并手眼一致地将球滚向同伴的方向。
- 球滚出的距离。
- 幼儿在游戏时能否与同伴友好沟通。

幼儿可能出现的表现

· 为了提高双人滚球的成功率，幼儿大多选择较近的距离（1 m～2 m）进行双人滚球；少数幼儿距离过近，如采取坐姿，两人脚对脚互顶进行滚球，滚球距离约为 0.5 m。

· 幼儿滚球的动作较多样，会出现诸如手指朝上、手掌与球完全贴合，手指相对、手掌与球面贴合，手指朝下等不同的滚球动作，多数幼儿依靠手臂带动手掌的力量将球推出。

· 在进行较远距离滚球时，球经常会滚偏或滚到一半便停止。

支持性策略

· 游戏中通过引导同伴间的相互学习、教师平行介入指导等方式，鼓励幼儿探索适宜的滚球动作。

· 鼓励幼儿尝试三人或三人以上互相滚球。

· 提供桌子、长凳、钻筒等有一定长度且材质不同的辅助材料，引导幼儿自主选择不同的材料，进行有一定距离、一定高度的双人滚球游戏。

推进一　滚球过桥

目　标

· 尝试在不同接触面上进行一定距离的双人滚球，发展手部肌肉力量及手眼协调能力。

准　备

材料：（1）波波球、3 号篮球、5 号篮球、瑜伽球，总数达到人均 1～2 个。（2）室内及室外的中小型固定器械及方便幼儿搬动、摆放的可活动材料，如钻筒（长 2.5 m）、桌子（100 cm×80 cm）、长凳（长 1.8 m）、平衡木（长 2 m）等。

环境：宽敞平坦的场地上，幼儿自主选择一种材料或将多种材料进行组合，将材料连接成“桥”。

玩　法

幼儿两人一组，分别站在滚球路线的两端，进行双人滚球游戏。（参见图 L1-69、图 L1-70）

图 L1-69

图 L1-70

指导语

小朋友们有没有和同伴一起在平衡木上玩过“滚球过小桥”的游戏？今天，大家可以尝试自己造桥，或者找找幼儿园里还有哪些地方可以玩滚球过桥的游戏。大家玩的时候想一想：怎么样才能让球顺利滚过又长又窄的小桥，到达对面小朋友的手中呢？

观察要点

·幼儿能否手眼一致地控制球向指定方向滚动。

·幼儿滚球时手臂、手腕及手指的动作，如手臂摆动幅度大小、手腕是否压腕、手指是否有拨球动作。

·球滚动的距离远近及滚动的方向是否有偏差。

幼儿可能出现的表现

·多数幼儿有较明确的目标意识，能手眼一致地控制球向指定方向滚动，但少数幼儿仍存在双手用力不均匀的情况，导致球在滚动过程中方向出现偏差。

·滚球时，有的幼儿能够用手腕带动手掌、用手指拨球；部分幼儿依靠手臂带动手掌，直接将球推出。

·当在较高的平面上（如桌子、长凳等）滚球时，幼儿采用站姿滚球，更容易用上臂力量带动球滚出，球滚动的距离较远；当幼儿采用跪姿或蹲姿滚球时，有可能出现仅依靠前臂或手腕力量将球推出的情况，球滚动的距离较短。

支持性策略

·引导幼儿在滚球的过程中眼睛要瞄准目标，压腕、上臂带动、手指用力将球拨出等。

·鼓励幼儿展示自主探索的有趣玩法，并提供丰富的材料，支持幼儿创设更具挑战性的游戏情境，如将平衡木与单元砖结合，进行跷跷板滚球；在纸芯筒上进行双人滚球；将不同的感统器械组合成滚球“隧道”等。（参见图 L1-71、图 L1-72、图 L1-73）

• 鼓励幼儿根据自身兴趣，开展双人滚球过斜坡的游戏。

图 L1-71

图 L1-72

图 L1-73

推进二　一起带球去爬山

目　标

• 尝试将球滚过长度、倾斜角度、材质不同的斜坡，提高手部肌肉力量及控制力。

准　备

材料：(1) 波波球、3 号篮球、5 号篮球、瑜伽球等不同大小、材质的球若干。(2) 木质斜坡（倾斜角度为 30°，长约 1.8 m）、折叠垫（总长 1.8 m）、桌子（100 cm×80 cm）、平衡木（长 2 m）等。

环境：宽敞的场地上，幼儿自主选择一种材料或将多种材料进行组合，将材料连接成不同长度和倾斜角度的斜坡。

玩　法

幼儿两人一组，分别站在斜坡两端，进行双人滚球游戏。（参见图 L1-74 至图 L1-79）

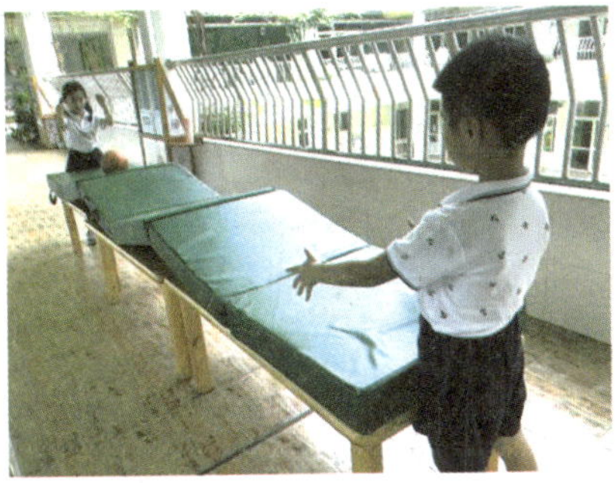
图 L1-74

图 L1-75

图 L1-76

图 L1-77

图 L1-78

图 L1-79

指导语

小朋友，请你和你的好朋友带着喜欢的球，挑战一下各种不同的山坡吧，看看谁能找到让小球顺利爬过山坡的好方法。

观察要点

·幼儿能否手眼一致地控制球向指定方向滚动。

·幼儿滚球动作是否协调、连贯，手臂、手腕、手指能否协调发力。

·球滚动的距离远近及滚动的方向是否有偏差。

·幼儿是否能够根据斜坡的长度、倾斜角度的不同，调整滚球的力度。

·当球未能顺利滚过斜坡时，幼儿能否通过自主探索或同伴学习等方式改变滚球的动作、姿势等。

幼儿可能出现的表现

·幼儿能够根据不同的滚球路线调整自己滚球的动作和力度，如面对连续的或倾斜度较大的斜坡，会有意识地加大手臂摆动的幅度和力度。部分幼儿在加大手臂力度的同时，会双手用力不均致使球滚偏，或在滚球下坡时用力过猛导致球飞起。

• 部分幼儿在滚球时会出现屈肘、压腕、拨指等动作，动作协调、连贯，有一定的爆发力，球能滚过较陡的或连续的斜坡；部分幼儿动作不够协调，未出现压腕、拨指等动作，屈肘、伸臂的动作较僵硬，影响球滚动的距离。

• 当球未能滚过斜坡时，部分幼儿能通过调整姿势或观察同伴等方式来调整自己的滚球动作；个别幼儿始终用同一种姿势、动作反复尝试。

支持性策略

• 鼓励幼儿大胆分享自己滚球过不同“山坡”的方法，引导幼儿感知、发现在不同斜面上滚球方法的不同，如滚球上坡时应向斜上方用力，用较大的力度滚球；滚球下坡时应向斜下方用力，滚球力度可较轻等。

• 鼓励幼儿创设更加丰富的滚球路线并挑战，促进幼儿滚球动作不断发展。

（彭颖琳执教、编写，苏婷婷指导）

游戏九　胯下滚球

动作发展水平	水平三
年龄段	4～5 岁
核心动作	胯下滚球
游戏总目标	• 尝试从胯下向一定的方向和距离滚球，发展手臂、手腕动作的灵敏性和协调性，锻炼腰腹力量。 • 喜欢参加滚球游戏，体验胯下滚球的乐趣。
观察要点	• 幼儿双臂是否用力均匀、手指拨球是否有力。 • 幼儿改变身体姿态后滚球速度和滚球方向的准确性。 • 幼儿间的协调配合情况。

初始游戏　胯下自主滚球

目　标

·尝试单手或双手控球，让球在胯下滚动。

准　备

材料：5 号篮球人手一个。

环境：宽敞平坦的场地。

玩　法

幼儿人手一个篮球，在宽敞平坦的场地上，自由探索胯下滚球的玩法。（参见图 L1-80、图 L1-81）

图 L1-80

图 L1-81

指导语

小朋友们左右张开两只脚，就变成了一个山洞。试一试，怎样让你的球在地上通过山洞。

观察要点

·幼儿滚球的方法，手臂、手腕控制球的方式。

·幼儿控球的力度、方向。

幼儿可能出现的表现

·双手或单手向后拨球：幼儿控球滚动的路线有的笔直向后，有的朝左右倾斜。

·双手拨动球，让球沿着双脚做“8”字滚动：幼儿手部未能找到适宜的触球部位，导致球经常难以流畅地沿着“8”字绕圈。

支持性策略

- 引导幼儿分享自己把球滚得远的方法。
- 进行个别示范指导。
- 鼓励幼儿同伴间比赛谁的球滚得远。

注意事项

提醒幼儿疲劳时直立上身休息。

推进一　让球滚得直又远

目　标

- 尝试从胯下向后直线滚球，提高手臂力量及左右手力度的均衡。

准　备

材料：5 号篮球人手一个。

环境：宽敞平坦的场地。

玩　法

幼儿人手一个篮球，单手或双手将球从胯下向后滚动，让球滚得又直又远。（参见图 L1-82、图 L1-83）

图 L1-82

图 L1-83

指导语

小朋友试一试，如何让你的球从胯下滚得又直又远，不会跑偏？

观察要点

- 幼儿双手是否均匀用力；是否能用上臂带动，手腕是否能够压腕。
- 滚球的速度和球滚动的方向。
- 手臂、肩、肘、腕关节动作的整体协调性。

幼儿可能出现的表现

- 双手接触球，将球挑起。
- 手部接触球的一侧，导致球滚向一边。
- 仅用手腕或者手臂发力拨球。
- 能用上臂带动，最终手腕有力拨球。

支持性策略

- 引导幼儿分享自己让球滚动得又直又远的方法。
- 鼓励幼儿拓展胯下滚球的方式，更好地控制滚球的方向和距离。
- 鼓励幼儿进行滚球接力，举行接力赛，提升难度。

推进二　胯下滚球接力

目　标

·尝试单手或双手控球，让球从胯下滚到下一个幼儿面前，发展手眼协调能力及控球能力。

准　备

材料：5 号篮球若干。

环境：宽敞平坦的场地。

玩　法

幼儿两人以上自由组合，站成纵向队伍，每人间隔约 1 m，由队伍一端的幼儿持球，弯腰后单手或双手将球从胯下向后（向前）滚给下一个幼儿，依次往下接力滚球。(参见图 L1-84、图 L1-85)

图 L1-84

图 L1-85

金教鞭

指导语

顽皮的小球又要来和小朋友们玩游戏了。这次我们站成一队，试一试用接力的方式，每位小朋友抓住小球后想办法准确地滚给下一位小朋友。

观察要点

- 幼儿能否控制好力度和方向，将球从胯下滚过，滚到下一个幼儿手中。
- 幼儿间的协调能力和配合能力。

幼儿可能出现的表现

- 用力过大，球直接滚过下一个幼儿胯下；用力过小，球未能滚到下一个幼儿面前。
- 不能控制球的方向，球往左右两侧滚动，未能滚到下一个幼儿手中。
- 注意力不集中，未能及时接住上一个幼儿滚来的球。

支持性策略

- 鼓励幼儿分享自己让球滚得又直又远的方法。
- 支持幼儿根据自己的能力自由调节站立的间距进行游戏。
- 继续拓展胯下接力滚球的方式，引导幼儿改变滚球接力的队形，从而改变滚球方向。

推进三　胯下变向滚球接力

目　标

- 尝试向不同方向和距离做胯下滚球动作，发展控球能力。

准　备

材料：5号篮球若干。

环境：宽敞平坦的场地。

玩　法

幼儿自主分组，设计不同的接力队形，从第一位幼儿开始，逐个滚球接力，直至最后一位。滚球的幼儿身体始终保持向前，不因下一位幼儿的站位而改变身体方向，而是结合队形中幼儿的站位，通过动作调节滚球的方向，使球从胯下滚到下一位幼儿手中。（参见图 L1-86、图 L1-87）

图 L1-86

图 L1-87

指导语

小朋友，你们设计了更好玩、更有挑战的接力队形。试一试，如果身体方向保持向前的情况下，你有什么办法完成胯下滚球接力？

观察要点

·幼儿能否根据目标人员的方位，在不改变身体方向的情况下调整滚球方向，控制滚球的速度。

·幼儿之间的协调能力和配合能力。

幼儿可能出现的表现

·在向左右侧滚球时，常会不由自主地转动身体与下一位幼儿面对面站立，从身体的正前方进行滚球接力。

·能够根据下一个人员的站位，熟练地向任意方向进行胯下滚球。

支持性策略

·引导处于队形拐角处、转弯处的幼儿分享如何顺利地从胯下滚球给下一位幼儿。

·增加队形的排列方式，多样体验胯下滚球的乐趣。

·鼓励幼儿尝试不按固定顺序接力滚球，拓展胯下变向滚球方式，让幼儿能更好地控制滚球方向及距离。

（彭小育执教、编写，郭阿苏指导）

游戏十　疯狂保龄球

动作发展水平	水平四
年龄段	5～6 岁
核心动作	滚球击物
游戏总目标	• 能手眼协调地控制球向目标方向滚动并击中目标物，增强视觉运动能力和上肢动作控制能力。 • 感受与同伴一起游戏的乐趣，增强规则意识。
观察要点	• 幼儿能否观察、判断固定或移动目标物的位置，并手眼一致地将球向目标方向滚动。 • 不同环境中，幼儿滚球动作是否协调、连贯，是否全身协调用力。

初始游戏　有趣的保龄球

目　标

• 尝试在平面上滚球击物，探索滚球击物的方法。

准　备

材料：（1）3 号篮球、5 号篮球若干。（2）玩具保龄球瓶（高 19 cm）、一次性纸杯、锥形筒等目标物若干。（参见图 L1-88、图 L1-89）（3）桌子（100 cm×80 cm）若干。

图 L1-88

图 L1-89

环境：幼儿自主选择目标物材料作为“球瓶”，在宽敞平坦的场地上将“球瓶”按自己的意愿进行排列，如“一”字形、锥形、柱形等，并在距离“球瓶”2 m～4 m的位置设置起点线。

玩　法

幼儿持球位于起点处，将球向目标物滚出，击中目标物。若多人参与游戏，则需事先商定滚球顺序，轮流滚球；游戏结束后，击倒目标物数量最多的人获胜。（参见图 L1-90、图 L1-91、图 L1-92）

图 L1-90

图 L1-91

图 L1-92

指导语

小朋友们选择了自己喜欢的材料，设计、布置好了球道。现在和同伴比一比，看谁能用球击中更多的球瓶。小朋友们还可以尝试不同的球瓶摆放方式哦。

观察要点

· 幼儿能否手眼一致地控制球向目标方向滚动。

· 幼儿的滚球动作是否协调、连贯，手臂、手腕、手指能否协调发力。

· 球能否击中目标物。

幼儿可能出现的表现

· 双手用力不均导致球滚偏，无法击中目标物或只能击倒“一”字形排列的部分目标物。

· 双手均匀用力、方向准确的时候，球能够击中呈锥形或柱形排列的目标物。

· 在多人游戏中，由于部分幼儿规则意识不足，导致出现多人同时滚球、滚球顺序不明确等违反游戏规则的情况。

支持性策略

图 L1-93

·鼓励幼儿尝试滚球击中不同排列方式的目标物，探索让球滚得又直又远的方法。

·引导幼儿讨论、商定游戏规则，并使游戏规则可视化以提醒幼儿。

·鼓励幼儿创设更加具有挑战性的游戏情境，促进幼儿动作水平不断发展。如将踢足球的经验迁移到滚球击物游戏当中，尝试用滚球击球的方法，将足球推进球门。（参见图 L1-93）

推进一　斜坡保龄球

目　标

·尝试将球滚过不同斜度与质地的坡面并击中物体，增强手臂力量及手眼协调能力。

准　备

材料：（1）3 号篮球、5 号篮球若干。（2）玩具保龄球瓶、一次性纸杯、锥形筒、空奶粉罐等目标物若干。（3）木质斜坡（倾斜角度为 30°，长约 1.8 m）、折叠垫（总长 1.8 m）、桌子若干。（4）塑料草皮、木板、平衡板若干。

环境：幼儿自主选择材料，在宽敞的场地上创设不同坡度、不同材质表面的滚球路线，并按自己的意愿组合目标物，摆放在斜坡末端。

玩　法

幼儿持球站在起点处将球滚出，击中另一端的目标物。（参见图 L1-94 至图 L1-99）

图 L1-94

图 L1-95

图 L1-96

图 L1-97

图 L1-98

图 L1-99

指导语

很多小朋友找到了在平面上滚球的方法。今天，我们要挑战在不同的斜坡上滚球。怎么样才能让球滚过斜坡并击倒目标物呢？有什么办法能让球一次击倒更多的目标物吗？大家试试看吧！

观察要点

· 幼儿能否手眼一致地控制球向目标方向滚动。

· 幼儿滚球动作是否协调、连贯，手臂、手腕、手指是否能协调发力。

· 幼儿滚球时的爆发力如何，球接触到目标物后是否能将目标物击倒。

· 幼儿能否全身协调用力。

幼儿可能出现的表现

· 能够控制球向目标方向滚动。

· 由于滚球力度不足，球未能击倒目标物。

· 在滚球的时候有一定的爆发力，球滚过斜坡后仍能够击倒目标物。

支持性策略

· 鼓励幼儿创设更加不同的滚球击物游戏场景，如滚球过斜坡并逐一击倒纵向排列的障碍，提高游戏难度和趣味性。（参见图 L1-100）

· 尊重幼儿兴趣，支持幼儿自发生成的滚球击移动物体的游戏。（参见图 L1-101）

图 L1-100

图 L1-101

推进二　球球撞击

目　标

· 尝试滚球击中移动中的物体，发展视觉运动能力及动作的灵敏性。

准　备

材料：(1) 3 号篮球、5 号篮球若干。(2) 桌子、平衡板（长 1 m）若干。

环境：幼儿自主选择材料创设滚球击物的“球道”。

玩　法

幼儿两人一组，一人一球，分别站在滚球路线的两端。一名幼儿先将球滚出，另一名幼儿观察、判断对方球的滚动方向，随后将自己的球滚出，撞击对方的球。能将对手的球撞出球道的一方获胜。(参见图 L1-102、图 L1-103)

图 L1-102

图 L1-103

指导语

如果有两个球都在滚动，它们会碰到吗？滚球的时候想想如何才能让自己的球碰到对方的球。

观察要点

· 幼儿能否观察、判断对方球的位置，并手眼一致地将自己的球向目标方向滚动。

· 幼儿滚球动作是否协调、连贯，手臂、手腕、手指是否能协调发力。

幼儿可能出现的表现

· 虽然有瞄准对方球的意识，但是对于球滚动的方向缺乏判断，致使球未能撞到一起。

· 需要更多的时间瞄准和准备。

· 可以迅速反应，并用连贯的动作将球滚出。

支持性策略

· 鼓励在游戏中能撞到对方球的幼儿展示玩法，引发同伴间的互相学习。

（彭颖琳执教，李霏编写，苏婷婷指导）

游戏十一　大力士滚大轮

动作发展水平	水平四
年龄段	5～6 岁
核心动作	滚动重物
游戏总目标	· 双臂均匀用力推动物体滚动，能够控制物体滚动方向，发展协调性、平衡性及上肢力量。 · 尝试自主搭建游戏路线，遇到困难积极思考，勇于挑战自我。
观察要点	· 幼儿双臂能否均匀施力，滚轮是否在路线上滚动。 · 幼儿全身是否协调用力，并顺利将滚轮推到终点。

初始游戏　滚轮上路咯！

目　标

· 能够双手推动滚轮向前滚动，初步掌控滚轮的滚动方向。

· 能自主搭建游戏路线。

准　备

材料：(1) 大滚轮（直径 60 cm）2 个，中滚轮（直径 50 cm）3 个，小滚轮（直径 30 cm）2 个。(2) 各种形状的大型积塑若干。

环境：幼儿利用各种积塑组合，创设平路、上坡、下坡等直线游戏路线及情境。（参见图 L1-104 至图 L1-107）

图 L1-104

图 L1-105

图 L1-106

图 L1-107

玩　法

幼儿自主选择游戏路线，推动滚轮在路线上前进。（参见图 L1-108）

图 L1-108

指导语

大力士们，你们搭起了不同的滚轮道路，快把大滚轮推到路上，让大滚轮“咕嘟咕嘟”向前滚吧，加油！

观察要点

·幼儿的臂力大小，幼儿所搬动物品的重量，幼儿动作轻巧或费力。

·幼儿能否全身协调用力。

幼儿可能出现的表现

·在平直的路线上推滚轮较为轻松；在上坡段，由于腰、腹部用力不均，无法推至坡顶。

·主要用手部发力推动滚轮向前，个别幼儿出现上身前倾辅助用力的动作。

·双臂力量不足且与下肢配合不够，导致大滚轮在下坡时易脱手而滚出路线。

支持性策略

·鼓励在游戏中表现较好的幼儿展示玩法，引发同伴间的互相学习。

·提供木板、木条、梯子等更为丰富的游戏材料，支持幼儿创建更有挑战性的游戏环境。

推进一　海蛇岛遇险

目　标

·尝试控制滚轮的方向，推动滚轮向前滚，发展协调能力及上下肢力量。

·愿意克服困难，想办法解决问题。

准　备

材料：（1）大滚轮 2 个，中滚轮 3 个，小滚轮 2 个。（2）各种形状的大型积塑若干。（3）木板（28 cm×200 cm）、木条（8 cm×200 cm）、木梯（30 cm×180 cm）若干。

环境：幼儿利用各种材料搭建有起伏的、弯曲的游戏路线，并创设“海蛇岛”的情境。

玩　法

幼儿推动滚轮在搭建好的游戏路线上前进，游戏过程中要避免滚轮滚落。（参见图 L1-109、图 L1-110）

图 L1-109

图 L1-110

指导语

你们搭建的海蛇岛中有那么多海蛇，幸好你们也搭好了桥。我们要努力控制好滚轮，让滚轮从桥上经过，不要掉落海里，以免被海蛇吃掉！

观察要点

· 幼儿双臂能否均匀施力使滚轮保持在路线上滚动。

· 幼儿能否全身协调有力将滚轮推上坡顶。

· 滚轮下坡时，幼儿双臂是否协调有力并与下肢协调配合，顺利将滚轮推到终点。

幼儿可能出现的表现

· 双臂、腰腹力量不足，在上坡时比较费力，会出现搬、推等动作，下坡时双手能够用力拽住滚轮，使其不因惯性自由滚落。

· 能借助上身前倾、腿部蹬地等动作，全身协调有力将滚轮滚过高低起伏的路线到达终点。

· 在桥面上或下坡时无法全身协调用力控制滚轮，导致滚轮掉落。

支持性策略

· 师幼共同讨论：怎样才能把滚轮又快又好地推到终点。梳理小结：双臂均匀用力向前推，上坡时脚蹬地；下坡时上身前倾，控制滚轮下滑速度。身体协调配合，这样才能快速到达终点。

· 提供锥形筒等材料支持幼儿丰富情景，继续游戏。

推进二　击中目标

目　标

· 能全身协调有力地推动滚轮，控制滚轮前进的方向、速度以击中目标。

准　备

材料：(1) 大滚轮 2 个，中滚轮 3 个，小滚轮 2 个。(2) 各种形状的大型积塑若干。(3) 木板、木条、木梯若干。(4) 锥形筒若干。

环境：创设“海蛇岛冒险”的游戏情境，幼儿利用各种材料共同搭建有起伏的路线，在终点前方放置若干锥形筒作为目标物。

玩　法

幼儿自主选择不同大小、宽窄的滚轮，推动滚轮在搭建好的游戏路线上前进，到达终点并击中前方的目标物，看谁能击中更多数量的目标物。(参见图 L1-111、图 L1-112)

图 L1-111

图 L1-112

指导语

你们看，海蛇岛的前方出现了一些目标物，看谁能把滚轮推到终点之后，击中更多的目标物。

观察要点

- 幼儿是否全身协调用力并左右手均匀施力将滚轮滚过各个小坡。
- 幼儿能否观察、判断目标物的位置，并手眼一致地将滚轮向指定方向滚动。

幼儿可能出现的表现

- 力度不足、未瞄准目标物，滚轮方向偏离，导致未能击中目标物。
- 能全身协调配合发力，有一定的爆发力，推动滚轮击中目标物。

支持性策略

- 引导幼儿讨论准确击中目标物的方法并梳理经验。
- 加大滚轮击物的游戏难度，提高幼儿的操控能力。

(刘丹霞执教、编写，苏婷婷指导)

二、拍球游戏

游戏一　拍球乐

动作发展水平	水平一
年龄段	3～4 岁
核心动作	拍球
游戏总目标	· 探索拍球的方法，体验拍球的乐趣。 · 尝试拍球，发展上肢肌肉力量。
观察要点	· 球离手后，幼儿的手能否再次接触球面。 · 幼儿能否用前臂、手腕、手指等部位协调用力将球拍起。

初始游戏　自由拍球

目　标

· 自主探索拍球的方法，体验拍球的乐趣。

准　备

材料：波波球、篮球、瑜伽球等若干。

环境：宽敞平坦的场地。

玩　法

幼儿自主选择自己喜欢的球，在宽敞平坦的场地上自由探索拍球的方法。（参见图 L2-1、图 L2-2）

图 L2-1

图 L2-2

指导语

小朋友们，今天老师给你们准备了很多球，请你们选择一个自己喜欢的球，去拍一拍球吧！

观察要点

·幼儿能否用前臂、手腕、手指等部位协调用力将球拍起，能否二次触及球面。

·幼儿对材料的选择情况。

·幼儿在游戏中的情绪表现。

幼儿可能出现的表现

·选择波波球、篮球，单手或双手举起球向下砸，球落地弹起。

·单手或双手拍球，用掌心触及球面，拍的时候双脚跟着球跳起。

·拍球后，球往四处跳，幼儿追着球拍，游戏持续时间较长。

支持性策略

·引导幼儿讨论交流：喜欢拍什么球？怎样才能拍的次数多？

·组织集中教学活动，对幼儿进行拍球规范动作、方法的进一步指导，帮助幼儿掌握拍球动作要领。

·户外活动时引导幼儿自由拍球，提高对球性的感知。

·鼓励幼儿尝试从拍各种大小不一、材质不同的球逐步转向拍篮球。

推进一　冒险岛（集中教学活动）

目　标

·尝试手指自然张开、手心空出，手随球上下移动拍球，发展手的小肌肉群与关节的协调性、灵活性及手眼协调能力。

·感受拍球的乐趣。

准　备

材料：4号篮球人手一个，欢快的游戏音乐，野兽吼叫的音效。

环境：宽敞平坦的场地。

过　程

1. 准备部分。

（1）创设“冒险岛”情境，激发幼儿的兴趣。

引导语：今天的天气真不错，适合去冒险岛探险，你们愿意跟我一同去探险吗？球宝宝也想跟我们一起去探险，带上你们的篮球，一起出发吧。

（2）热身运动。

引导语：出发前，我们带着球宝宝一起热热身。

引导幼儿热身：①活动手腕关节和脚腕关节，速度由慢到快；②有节奏地做半蹲动作；③练习左右滚球；④练习双腿间画“8”字控球。

观察与指导要点：幼儿在有节奏地做半蹲动作时，教师要提醒幼儿身体不要蹲得过低，要上下弹动。幼儿在练习左右滚球的时候，教师要提醒幼儿身体跟着球滚动的方向倾斜，重点不是球滚得快而是球滚得稳，要用手指和手腕控制球滚动的轨迹。幼儿在练习双腿间画“8”字控球时，教师要提醒幼儿先把球放在两脚中间，后用手指拨球，让球在两脚间像书写数字“8”一样滚动。重点指导幼儿把动作做到位，活动身体各部位，尤其是充分活动下肢各关节。

2. 基本部分。

（1）探秘“冒险岛”。

引导语：我们准备向冒险岛出发啦！但是冒险岛里住着许多危险的野兽，怎么办呢？野兽最怕听到球宝宝发出“咚咚咚”的声音，要怎么让球宝宝发出“咚咚咚”的声音呢？你们快和自己的球宝宝一起试一试。

①幼儿自由拍球，教师观察指导。

观察与指导要点：幼儿拍球时容易出现五指并拢、身体没有上下弹动、双脚没有分开等情况。教师要重点关注幼儿拍球时手指是否张开、身体是否与球一起有节奏地上下弹动。

②交流与讨论。

引导语：你们是通过什么方法让你的球发出“咚咚咚”的声音呢？（请拍得好的幼儿示范。）

小结：可以通过拍打球，让球弹跳起来发出“咚咚咚”的声音。

③教师示范拍球，幼儿观察模仿。

引导语：有的小朋友拍球时遇到了困难，球拍着拍着就弹不起来了，或者球拍一次就弹走了，那你们看一看老师是怎么拍球的。

小结：在拍球的时候，双脚要分开，保持身体的平衡；手指要张开，用力将球往下拍打，球弹上来的时候再次将球往下拍打；身体要和球一起上下弹动。

④幼儿模仿教师的动作拍球，教师进行指导。

引导语：你们快和球宝宝再试一试。

（2）深入“冒险岛”。

①播放野兽吼叫的音效，引导幼儿听声音有节奏地拍球。

引导语：不好，野兽好像生气了，我们快把球宝宝拍起来，让野兽不敢出来。（支持幼儿一拍一停、两拍一停、五拍一停等形式拍球。）

②有规律地控制音效的播放，引导幼儿听声音有节奏地拍球。

引导语：野兽被吓跑了。我们小心往前走，一边耳朵认真听，听到野兽的叫声就赶紧停下脚步，拍打球吓退野兽。

3. 结束部分。

引导语：哇，我发现你们一个个都是勇敢的小探险家，谁来说一说我们今天在冒险岛里遇到危险是怎么解决的？

小结：今天我们尝试了双脚分开，手指张开，身体和球一起上下弹动拍球。明天区域游戏我们再玩。

（唐雪颖执教，陈雪梅编写，王彩君指导）

游戏二　拍球小达人

动作发展水平	水平二
年龄段	3～4 岁
核心动作	原地拍球
游戏总目标	• 尝试用手臂、手腕、手指协调用力拍球，发展手眼协调能力，增强手臂力量。 • 探索根据球的弹跳节奏调整拍球的力度和节奏，提高拍球的持续性。
观察要点	• 幼儿拍球动作是否泛化，球离手后手能否再次触及球面且用力均衡。 • 幼儿手的拍打节奏与球的弹跳节奏是否协调。 • 幼儿拍球持续性如何，球是否越拍越低。

初始游戏　我会拍球

目　标

· 尝试调整拍球的力度和节奏，逐渐增加拍球的次数。

准　备

材料：4 号篮球人手一个。

环境：宽敞平坦的场地。

玩　法

幼儿人手一个篮球，在宽敞平坦的场地上自由拍球。（参见图 L2-3、图 L2-4）

图 L2-3

图 L2-4

指导语

篮球宝宝真可爱，蹦蹦跳跳做游戏。小朋友们快想想，可以怎样让篮球宝宝跳起来呢？拍球的时候小手是张开的还是合起来的？小手指是伸直的还是弯曲的呢？带着你的篮球宝宝试试吧。

观察要点

· 幼儿手的拍打节奏和球的弹跳节奏是否协调。

· 幼儿拍球的高度和持续的时间。

幼儿可能出现的表现

· 有的幼儿用双手拍球，有的幼儿用单手拍球。

· 上下挥动整个手臂、五指并拢击打篮球，动作比较费力。

· 拍球用力不均衡，不能很好地控制拍球的力度和节奏，球越拍越低，很快就弹不起来。

·不能很好地控制球的落点，往往追着球拍。

支持性策略

·通过同伴间相互学习及教师示范等方式，引导幼儿观察、了解拍球的动作要领：两脚分开与肩膀同宽，屈膝弯腰，右手五指自然分开，掌心稍屈合在球表面，手臂、手腕、手指恰当配合用力拍球，身体上下律动且保持与球下落和弹起的节奏一致。可以用儿歌帮助幼儿记忆拍球的动作要领："小朋友，真厉害。脚打开，腿下蹲；手打开，看准球，用力稳稳拍下球；一二三（停住抱球），蹦蹦跳（停住抱球），节奏一致我第一（停住抱球）。"

·鼓励幼儿以多样化的游戏形式练习拍球，提醒幼儿拍球的时候五指自然打开，防止用指尖垂直拍打篮球导致受伤。

推进一　谁拍得多

目　标

·尝试根据球弹跳的节奏调整手拍打的节奏，提高拍球的持续性，发展身体的协调性和灵敏性。

准　备

材料：4号篮球人手一个。

环境：宽敞平坦的场地。

玩　法

幼儿两人一组比赛拍球，看谁拍得多、拍得久。（参见图 L2-5）

图 L2-5

指导语

小朋友们，我们来拍球吧！对了，小手张开像帽子，手肘像机器人，抬高再向下，小手吸住球，膝盖上下运动。你能连续拍多少下呢？赶紧找一个好朋友比一比吧。

观察要点

·幼儿是否能随着球下落和弹起的节奏，适当调整手的节奏和力度。

·幼儿拍球的持续性。

幼儿可能出现的表现

·拍球的动作速度较快，手和球的节奏基本协调统一，但是用力不均，球越拍越低。

·拍球的持续性提高，手再次触及球面的次数增多。

支持性策略

·鼓励幼儿尝试多样化拍球，如轮流拍球、合作互拍球、快慢拍球等，激发幼儿参与拍球的兴趣，逐步提高幼儿拍球的能力。

·家园合作，请家长利用空余时间引导幼儿练习拍球。

（蒋红燕执教、编写，郭阿苏指导）

游戏三　原地拍球

动作发展水平	水平二
年龄段	3～4 岁
核心动作	原地拍球
游戏总目标	·探索拍球的方法，提高手臂、手腕、手指协同能力及手眼协调能力。 ·喜欢参加拍球活动，体验拍球的快乐。
观察要点	·球离手后，幼儿的手能否再触及球面，用力是否均衡。 ·幼儿手的拍打节奏与球的弹跳节奏是否吻合。 ·幼儿能否持续原地拍球。

初始游戏　小猫钓鱼

目　标

·尝试定点拍球，提高控球能力，发展协调能力。

·体验拍球的乐趣。

准　备

材料：4 号篮球人手一个，呼啦圈（直径 70 cm）若干。

环境：宽敞平坦的场地。

玩　法

幼儿人手一个篮球和呼啦圈，将呼啦圈平放在地上，抱球站在圈外。教师说：“小猫钓鱼。”幼儿齐声问：“钓几条？”教师回答：“钓×条。”幼儿按照教师说的数字，将球往圈内拍打相应次数后接住球。游戏反复进行。（参见图 L2-6）

图 L2-6

指导语

小朋友们，我们来玩“小猫钓鱼”的游戏。老师说钓几条鱼，你们就把小球拍几下，要把球拍到小池塘（呼啦圈）里才能钓到鱼哦。大家来试一试吧。

观察要点

- 幼儿能否控制球的落点在呼啦圈内。
- 幼儿拍球的连续性。

幼儿可能出现的表现

- 能控制球落在圈内，不时根据球的落点小范围移动身体位置。
- 不能很好地控制球的落点，球有时会碰到圈的边沿而弹跳开来。
- 手和球的节奏协调，但是用力不均，球越拍越低。

支持性策略

- 可根据幼儿的拍球情况逐渐增加拍球次数要求，提高幼儿拍球的持续性。
- 鼓励幼儿尝试拍球比赛、快慢拍球、站高拍球等，激发幼儿拍球的兴趣，逐步提高幼儿的拍球能力。

推进一　小球咚咚咚

目　标

- 探索用多种身体姿势定点拍球，增强上肢力量，发展协调能力。

准　备

材料：4号篮球人手一个，凳子、木桩、龟背等若干。

环境：幼儿在宽敞平坦的场地上摆放凳子、木桩等。

玩　法

幼儿人手一个球，自主选择材料，尝试用不同姿势进行定点拍球。（参见图 L2-7、图 L2-8）

图 L2-7

图 L2-8

指导语

小朋友们，你们会站着原地拍球，今天能不能尝试站高一点或者坐着或者蹲着或者趴着拍球？

观察要点

· 幼儿是否积极探索用多种身体姿势定点拍球。

· 幼儿拍球的持续性。

幼儿可能出现的表现

· 主动利用材料，积极探索用不同身体姿势拍球，如蹲着拍、坐在凳子上拍、跪着拍等。

· 能连续拍球 10 下。

支持性策略

· 继续投放轮胎、羊角球等器械，鼓励幼儿坐着或站着拍球。

· 借助儿歌、鼓点等，锻炼手拍球的节奏。

（唐雪颖执教，王彩君编写，陈雪梅指导）

游戏四　随乐拍球

动作发展水平	水平三
年龄段	4～5 岁
核心动作	有节奏拍球
游戏总目标	·尝试跟着乐器的节奏拍球，发展拍球节奏感。
观察要点	·幼儿能否跟着一定的节奏拍球。 ·幼儿能否控制球的落点。

初始游戏　铃鼓运球赛

目　标

·尝试跟着铃鼓的节奏拍球，发展身体的协调性、节奏感。

准　备

材料：铃鼓若干，4 号篮球人手一个。

环境：宽敞平坦的场地。

玩　法

幼儿人手一个球，2～6 个人为一个小组；一人当组长，有节奏地拍打铃鼓；组员根据组长拍打铃鼓的节奏拍球。（参见图 L2-9）

图 L2-9

金教鞭

指导语

小朋友们，今天我们玩听铃鼓节奏拍球的游戏。大家自己找好朋友，可以两个人、三个人或更多的人一组，组好队后商量一下谁拍铃鼓、用什么样的节奏拍，其他人跟着节奏拍球。

观察要点

· 幼儿能否根据组长拍打铃鼓的节奏拍球。

· 拍打铃鼓的幼儿节奏是否稳定。

幼儿可能出现的表现

· 不能合着节奏拍球。

· 进行几次游戏后，逐渐跟上节奏。

· 铃鼓响起就能较为准确地跟着节奏。

· 中途球会掉落，基本能坚持到游戏结束。

支持性策略

· 讨论交流：怎么拍球才能跟上组长拍铃鼓的节奏？

· 邀请组长和组员进行一对一示范，引导其他幼儿观察要如何才能做到稳定有节奏地拍球。

· 以游戏者的身份参与游戏，调动幼儿游戏积极性。

推进一　最佳搭档

目　标

· 学会听辨乐器的节奏并跟随节奏拍球，发展身体的协调性、节奏感。

准　备

材料：铃鼓若干，4 号篮球若干。

环境：宽敞平坦的场地。

玩　法

幼儿两人一组，其中一位幼儿拍打铃鼓，另外一位幼儿根据铃鼓的节奏拍球。拍打铃鼓者可随机变换节奏，拍球的幼儿应及时调整拍球节奏。游戏

结束后互换角色。（参见图 L2-10、图 L2-11）

图 L2-10

图 L2-11

指导语

今天我们要玩“最佳搭档”游戏。两人一组，一个人拍打铃鼓，另外一个人认真听铃鼓声并根据铃鼓的节奏来拍球，鼓声节奏快就拍得快，鼓声节奏慢就拍得慢，看看你们是否配合默契。

观察要点

·幼儿能否根据同伴拍打铃鼓的节奏拍球。

·幼儿能否跟上节奏的快慢变化，改变拍球的快慢节奏。

幼儿可能出现的表现

·当同伴开始拍打铃鼓，能够根据同伴的节奏进行拍球；当同伴加快节奏之后，刚开始拍球稍显不稳定，拍球节奏会快于或慢于铃鼓的节奏。

·拍打铃鼓的幼儿节奏不够稳定，快慢变化太频繁，拍球的幼儿跟不上。

·当铃鼓节奏加快，拍球幼儿会身体弯曲，呈现低位拍球的状态。

·有的搭档会一起念节奏一起拍，配合默契。

支持性策略

·引导幼儿讨论交流：怎么拍球才能跟上同伴的铃鼓节奏？

·以游戏者的身份与幼儿共同游戏，引导幼儿学习如何稳定拍打铃鼓节奏，以及如何倾听铃鼓节奏来拍球。

（王彩君执教，唐雪颖编写，陈丽琼指导）

游戏五　左手右手拍拍乐

动作发展水平	水平四
年龄段	5～6 岁
核心动作	左右手交替拍球
游戏总目标	• 尝试左右手连续协调拍球、绕障碍拍球，锻炼上肢和腿部肌肉力量，提高身体平衡能力和控制能力。
观察要点	• 幼儿能否手眼协调地左右手交替拍球。 • 幼儿能否根据不同的场地设置调整球的运行方向。

初始游戏　原地双手交替拍球

目　标

• 尝试原地左右手交替拍球，提高拍球动作的协调性、灵活性。

准　备

材料：4 号篮球人手一个。

环境：宽敞平坦的场地。

玩　法

幼儿人手一个球，在宽敞平坦的场地上自主探索左右手交替拍球的玩法。（参见图 L2-12）

图 L2-12

指导语

小朋友，你可以用左手和右手交替拍球吗？左手和右手交替拍球，就是左手拍一下球、右手拍一下球。一起来试一试吧！

观察要点

• 幼儿拍球时两手的动作和球的弹跳节奏是否协调。

• 幼儿拍球时手触球的力度。

幼儿可能出现的表现

·拍球时手臂、手腕、手指的协调性较差，有的使用手指力量拍球，有的使用手指尖打球；左右手随球抬起来的缓冲动作以及手腕的弹性用力动作掌握不得要领，从而导致节奏时快时慢，球越拍越低，最终停下来。

·受非优势手拍球水平的影响，无法协调地左右手交替拍球。

·拍球时身体过于直立，手臂动作较为僵硬，无法较好地控制手触球时的力度。

·出现双手同时拍球的现象。

支持性策略

·鼓励拍球动作流畅的幼儿分享展示，引导其他幼儿观察左右手交替拍球的基本方法：两脚分开站立、身体稍前倾，协调手臂力量，左右手依次拍球。

·引导拍球动作节奏性不强的幼儿，以听口令的游戏形式拍球，如在口令“一二、一二……”的节奏中练习双手交替拍球。

·引导非优势手技能较弱的幼儿，用非优势手进行原地连续拍球，待非优势手拍球技能提高后再尝试双手的交替拍球。

·鼓励动作熟练流畅的幼儿挑战行进间左右手交替拍球。

推进一　拍球大比拼

目　标

·尝试行进间左右手交替拍球，发展手眼协调能力，提升控球能力。

准　备

材料：4 号篮球若干，锥形筒若干。

环境：宽敞平坦的场地，一端设置起点线，距离起点线 3 m 处为折返处，将锥形筒间隔 2 m～3 m 呈“一”字摆放。（参见图 L2-13）

图 L2-13

玩　法

幼儿分成若干组，每组一个球。游戏开始后，各组的第一名幼儿从起点出发，双手交替拍球前进至折返处，绕过锥形筒，继续左右手交替运球返回起点，将球交给下一名幼儿。剩下的幼儿依次运球，直至最后一名幼儿完成游戏。最先完成游戏的组获胜。运球途中若球掉了，应回到起点重新出发。（参见图 L2-14、图 L2-15）

图 L2-14

图 L2-15

指导语

小朋友们，你们已经能熟练地在原地左右手拍球了，老师发现有些小朋友还能双手交替拍球往前走呢！今天我们试试用这个本领进行一场比赛。大家仔细观察赛道，看哪组小朋友能用左右手交替运球的本领最快完成比赛。

观察要点

· 幼儿在行进间运球过程中能否保持左右手交替拍球。

· 幼儿在折返处能否调整身体方向且持续拍球。

幼儿可能出现的表现

· 左右手动作协调交替运球前行。

· 过程中出现同一只手拍两次球或左右手拍球节奏略微混乱的情况。

· 偏离既定方向，无法顺利控球至折返处，发现后能够自行调整方向，回归正确路线。

· 到达折返点时，能自动放慢速度，调整身体姿势，顺利绕过锥形筒；绕锥形筒时，有的幼儿绕大圈，有的幼儿绕小圈。

· 改变身体方向的时候无法保持拍球节奏。

支持性策略

· 鼓励幼儿尝试多样化的活动形式如单人游戏、两两结合、小组比赛等，激发幼儿参与行进间左右手交替拍球游戏的兴趣。

· 请家长在家里与幼儿一起玩行进间左右手交替拍球的游戏，体验亲子游戏的快乐，提高幼儿行进间拍球的技能。

推进二　趣味障碍赛

目　标

·尝试在复杂环境中双手交替行进拍球，进一步提高手眼协调能力和动作协调性。

准　备

材料：4 号篮球若干，塑料拱门、塑料栅栏、折叠垫等适宜做路障的物体若干。

环境：宽敞平坦的场地上，幼儿自主寻找、选择适合做路障的材料，将材料间隔 2 m 左右沿直线摆放，布置成长约 10 m 的障碍赛道。（参见图 L2-16）

图 L2-16

玩　法

幼儿自主与同伴组队，分成两组，各排成纵队站在起点处。比赛开始后，第一名幼儿从起点处出发，双手交替拍球走“S”形路线绕障碍物前进，绕过最后一个障碍后原路运球返回，将球交给下一名幼儿，如此循环，直至最后一名幼儿完成游戏。先完成的队伍获胜。运球途中，球掉了应返回起点重新出发。（参见图 L2-17、图 L2-18）

图 L2-17

图 L2-18

指导语

小朋友们，现在我们组好队，摆好路障，可以开始双手交替运球绕障碍的比赛啦。我们来比比看，哪组最先完成运球绕障碍的游戏。

观察要点

· 幼儿行进时能否用眼睛的余光观察环境，进而调整身体方向控球前行。

· 幼儿能否较好地控制球的方向和落点。

· 幼儿绕障碍时是否有球从手中脱出的情况。

幼儿可能出现的表现

· 在运球时常只看着球，较少用眼睛余光观察周围环境。

· 不能很好地控制球的落点，出现球落在离身体较远的位置，身体未能及时做出反应，出现拍空的现象。

· 能保持一个较平稳的速度，手眼协调地运球绕过障碍。

· 因求胜心切，行进速度较快，导致不能很好地控制拍球的节奏和力度，球拍得过高，双手交替拍球时球易从手中脱出。

支持性策略

· 提示幼儿在运球过程中注意观察障碍物的位置，控制拍球的速度，注意手臂、手腕协调配合控制拍球的方向和力度，确保篮球落在身体的前方，以免球从手中脱出。

· 引导幼儿在行进运球时注意用眼睛的余光观察球的位置，手眼协调地控制球的落点和方向。

· 引导幼儿创设不同挑战层次的拍球环境，如设置不同大小的障碍物、以不同方式排列障碍物等，练习绕障碍物行进拍球。

（蔡炜执教、编写，林琳指导）

游戏六　行进运球

动作发展水平	水平四
年龄段	5～6 岁
核心动作	行进运球

续表

游戏总目标	・尝试行进拍球，发展动作的准确性、协调性以及手眼协调能力。 ・遵守游戏规则，体验按规则游戏的乐趣。
观察要点	・幼儿能否用手臂、手腕和手指协调地在行进中拍球。 ・幼儿能否自如地控制移动拍球的运行方向。

初始游戏　老狼老狼几点钟

目　标

・手的动作与球的弹跳节律协调一致，能持续运球。

・锻炼行进运球的能力。

准　备

材料：4 号篮球人手一个。

环境：宽敞平坦的场地。

玩　法

教师扮演老狼，背对幼儿在前行走。幼儿人手一球，紧随其后，齐声喊“老狼老狼几点钟”并根据节奏运球行进。教师回答“×点钟”。经几次后，当教师回答“十二点”时，幼儿需快速抱球回到起点。游戏反复进行。（参见图 L2-19）

图 L2-19

指导语

小朋友们，我们一起玩“老狼老狼几点钟”的游戏吧。老师当老狼，你们是小羊，一边拍球一边跟着老狼走，边拍球边问老狼几点钟。当老狼说

“十二点”时，小羊要抱起球快速跑回起点。

观察要点

- 幼儿能否手脚协调配合、有节奏地直线行进运球。
- 幼儿拍球的持续性。

幼儿可能出现的表现

- 幼儿运球前进的过程中，球落下时碰到幼儿前进的腿或旁边的幼儿而弹跳滚走。
- 使用优势手单手快速地拍球行进，但身体越弯越低，球越拍越低。
- 双手交替运球前进，用双手调整球的前进方向。

支持性策略

- 继续玩“老狼老狼几点钟”等行进运球情境游戏，重新制定游戏规则，如“老狼”也运球前行，“小羊”逃跑时也要运球逃跑。
- 利用锥形筒或木桩等材料创设情境，鼓励幼儿尝试曲线行进运球。

推进一　曲线行进运球

目　标

- 探索曲线运球，发展协调能力、平衡能力及上肢力量。

准　备

材料：4 号篮球人手一个，锥形筒若干。

环境：宽敞平坦的场地上，分散放置若干锥形筒作障碍物。

玩　法

幼儿人手一个球，运球绕过障碍物。（参见图 L2-20）

图 L2-20

指导语

在我们的前面有很多的障碍物，小朋友们一边拍球一边想办法绕过障碍物。

观察要点

·幼儿能否均匀用力拍球，手脚配合是否协调，能否控制球的落点和方向。

·幼儿在游戏过程中的情绪。

幼儿可能出现的表现

·边快速奔跑边拍球前进，球弹跳超过幼儿身高后掉落。

·单手运球于身前侧方，侧身绕过障碍物。

·双手运球于身前，双脚协同手部律动行进运球。

支持性策略

·设计相应的体育游戏，提高幼儿手脚协调行进运球及控球的能力。

（林怡凡执教，唐雪颖编写，陈雪梅指导）

游戏七　揪尾巴

动作发展水平	水平四
年龄段	5～6 岁
核心动作	视线离球的行进运球
游戏总目标	·尝试视线离球运球，发展身体协调性、灵敏性。 ·手臂、手腕和手指能协调并持续定点或移动拍球。 ·乐于参加游戏，遵守游戏规则。
观察要点	·幼儿的手臂、手腕和手指能否协调移动拍球。 ·幼儿能否自如地控制移动拍球的运行方向。

初始游戏　找尾巴

目　标

·初步尝试视线离球运球取物，发展身体协调性、灵敏性。

准　备

材料：4 号篮球人手一个，毛线绳、锥形筒若干。

环境：宽敞平坦的场地上，分散放置若干锥形筒，将毛线绳置于锥形筒底部。

玩　法

幼儿人手一个球，一边行进运球一边拿开锥形筒，找出“尾巴”（毛线绳）并捡起。（参见图 L2-21）

图 L2-21

指导语

小朋友们，锥形筒下藏着很多尾巴，试试看，一边拍球一边找出尾巴，把尾巴捡起来。

幼儿可能出现的表现

· 肢体动作灵活，球离手后还能保持手部动作的协调，能拿开锥形筒并快速蹲下拿起地上的“尾巴”。

· 能自如控制球的运行方向，但在边拿“尾巴”边运球时没调整好手与球的配合，速度忽快忽慢，导致球“上蹿下跳”；有的幼儿能及时调整拍球的动作，重新尝试并顺利拿到“尾巴”。

· 在拿“尾巴”的过程中，没能很好地控球，球越拍越低，幼儿直接停住，一手抱球一手拿“尾巴”。

支持性策略

· 创设“寻宝”的游戏情境，引导幼儿尝试视线离球的低位拍球。

推进一　揪尾巴

目　标

· 能够视线离球运球取移动物，自如控制球的运行方向。

· 能遵守游戏规则，体验游戏的乐趣。

准　备

材料：4 号篮球人手一个，长短不一的毛线绳人手一条。

环境：宽敞平坦的场地。

玩　法

幼儿人手一个球且后腰处挂着一条毛线“尾巴”，边运球边尝试揪下同伴的“尾巴”，同时保护自己的“尾巴”不让别人揪下。（参见图 L2-22、图 L2-23）

图 L2-22

图 L2-23

指导语

小朋友们，我们今天来玩揪尾巴的游戏，试一试边拍球边把伙伴的尾巴揪下来，同时要注意保护好自己的尾巴，不要让别人揪掉。

幼儿可能出现的表现

· 边运球边用手护住自己的“尾巴”。

· 一手张开在身侧防御，一手运球，快速灵敏躲避同伴的偷袭。

· 在揪同伴“尾巴”的过程中，拍球的节律发生变化导致球不受控制，后来干脆置球于不顾，直接揪下同伴的“尾巴”。

支持性策略

· 利用户外运动时间，借助“老鹰捉小鸡”“撕名牌”“捡鸡蛋”等情境游戏，提高幼儿的视线离球拍球能力。

（陈雪梅执教，王彩君编写，唐雪颖指导）

游戏八　老鹰捉小鸡

动作发展水平	水平四
年龄段	5～6 岁

续表

核心动作	视线离球的行进运球
游戏总目标	• 尝试不受他人的干扰，自如控制球的运行方向，发展身体协调性和灵敏性。 • 体验按规则游戏的乐趣。
观察要点	• 幼儿的手臂、手腕和手指能否协调移动拍球。 • 幼儿能否自如地控制移动拍球的运行方向。

初始游戏　进攻与防守

目　标

• 能根据对方的进攻方向，自如地控制球的运行方向，发展身体协调性和灵敏性。

• 游戏中能与同伴协商、合作。

准　备

材料：4 号篮球若干。

环境：宽敞平坦的场地。

玩　法

幼儿三人一组，一人当老鹰不持球（下文简称为抢球幼儿），一人当鸡妈妈也不持球（下文简称为防守幼儿），一人持球当鸡宝宝（下文简称为运球幼儿）。“老鹰”突破“鸡妈妈”的防守去抢球。抢球成功后交换角色游戏。（参见图 L2-24、图 L2-25）

图 L2-24

图 L2-25

指导语

小朋友们，我们都玩过“老鹰捉小鸡”的游戏。今天我们三个小朋友一组，一个当老鹰，一个当鸡妈妈，还有一个当鸡宝宝。鸡宝宝在鸡妈妈身后拍球，老鹰要突破鸡妈妈的防守，然后将鸡宝宝手中的球拍掉。成功后和同伴讨论交换角色继续游戏。

观察要点

· 运球幼儿能否根据抢球幼儿的进攻方向，控制运球方向。

· 运球幼儿在运球过程中手臂、手腕和手指能否协调配合。

· 抢球幼儿能否突破防守幼儿的防守，拍掉运球幼儿的球。

· 幼儿能否做到根据对方的步伐使用侧滑步技能。

· 幼儿能否遵守游戏规则。

· 幼儿能否与同伴合作、协商。

幼儿可能出现的表现

· 抢球幼儿首先向运球幼儿发起进攻，防守幼儿及时打开双手，使用侧滑步跟着抢球幼儿的步伐进行移动。

· 运球幼儿运球的过程中有良好的节奏，拍球的持续性强，能够始终控制住球。

· 抢球幼儿移动的速度较快，防守幼儿能够及时跟上抢球幼儿的步伐，运球幼儿在每一次抢球幼儿进行方向转换的过程中，节奏稍显落后。

· 抢球幼儿加快速度和转换方向之后，拍掉运球幼儿手中的球。

支持性策略

· 引导幼儿讨论交流：怎么才能更好地躲避抢球者的进攻？怎么才能更好地防守？

· 邀请能力较强的幼儿进行动作示范，引导其他幼儿进行观察。

· 提供篮球赛短视频，引导幼儿观察视频中的选手是如何进行进攻和防守的，并以小组的形式梳理经验。

推进一　一对一进攻

目　标

· 能自如控制住球的运行方向，初步尝试一对一的篮球进攻。

· 增强团队合作意识，在竞赛性游戏中体验与同伴合作、商讨、游戏的乐趣。

准　备

材料：4 号篮球人手一个。

环境：宽敞平坦的场地。

玩　法

幼儿两人一组，各持一个球，边拍自己的球边尝试将对方的球打掉。（参见图 L2-26、图 L2-27）

图 L2-26

图 L2-27

指导语

小朋友们，今天你们两人一组，在运球的过程中，先将对方的球拍打下来的人获胜。游戏规则是不推人、不挤人、不撞人。

观察要点

· 幼儿能否自如地控制住球的运行方向。

· 幼儿用什么方式进攻以及用什么形式保护自己的篮球。

· 幼儿在游戏中能否勇敢、不怕困难，坚持直到打落同伴的球为止。

幼儿可能出现的表现

· 游戏开始时两人面对面运球，运球持续性及节律较稳定。

· 原地运球数次后，开始尝试进攻，一手运球一手向前拍打对方的篮球。

· 被进攻幼儿一手运球，一手手臂呈屈肘姿势护球并移动位置躲避。

支持性策略

· 组织幼儿交流讨论：怎么才能先保护住自己手中的篮球再去进攻同伴？

· 与幼儿进行一对一篮球赛，引导幼儿观察如何更好地进攻与防守，并以小组的形式梳理经验。

·组织小组制的篮球赛，引导幼儿在游戏过程中体验与同伴之间合作、商讨、游戏的乐趣。

（王彩君执教，陈雪梅编写，毛一冉指导）

游戏九 运球大闯关

动作发展水平	水平四
年龄段	5～6 岁
核心动作	在有一定高度的物体上运球
游戏总目标	·尝试在具有一定高度的物体上运球行进，提高控球能力，发展身体的协调性、灵敏性及平衡能力。 ·体验挑战在有一定高度的物体上运球的乐趣。
观察要点	·幼儿能否边拍球边观察环境，寻找适宜的落脚点，并保持身体平衡。 ·幼儿能否控制移动拍球的运行方向，持续拍球。

初始游戏 平衡板上拍球

目 标

·尝试在平衡板上定点拍球，发展身体的协调性、灵敏性及平衡能力。

准 备

材料：4 号篮球人手一个，平衡板若干。

环境：幼儿自主将平衡板摆放在宽敞平坦的地面，平衡板之间间隔1 m 以上。

玩 法

幼儿人手一个篮球，站在平衡板上定点拍球。（参见图 L2-28）

图 L2-28

指导语

站在平衡板上会摇晃，我们能否站在摇晃的平衡板上拍球？请小朋友们挑战一下。

金教鞭

观察要点

·幼儿能否站在平衡板上定点持续拍球。

·幼儿站在平衡板上定点拍球时身体的平衡、协调能力。

幼儿可能出现的表现

· 手眼协调，手臂可以协调有力地拍球，控制球的落点在身体侧前方，能较好地保持身体平衡和拍球的稳定性。

· 抱球在平衡板上站稳后开始拍球，拍球时不容易保持身体平衡，拍了两三下球脱手跳走。

· 尝试边拍球边在平衡板上移动。

支持性策略

·在户外自主活动、集中活动中继续开展在平衡板上拍球的游戏，提升幼儿身体平衡能力。

推进一　巧过平衡板

目　标

·尝试在有一定高度的物体上移动拍球，发展身体的协调性、灵敏性及平衡能力。

准　备

材料：4 号篮球人手一个，平衡板若干。

环境：宽敞平坦的场地上，利用平衡板创设游戏情境。（参见图 L2-29）

玩　法

幼儿人手一个篮球，在平衡板搭设的路线上运球行进。（参见图 L2-30）

图 L2-29

图 L2-30

指导语

怎样才能在顺利走过平衡板的同时还能一下接一下地拍球呢？今天我们就来挑战一下。

观察要点

·幼儿拍球过平衡板时手和球的节奏是否协调，能否在移动运球时控制球的运行方向。

·幼儿的身体平衡能力和拍球的稳定性。

幼儿可能出现的表现

·手眼协调统一，手臂可以协调有力地拍球，能控制球的落点、方向，并尝试站在平衡板上移动运球。

·无法流畅地移动运球，而是在平衡板上站稳，拍球一会儿后再将脚移到下一个平衡板上，缓慢前进。

·在移动运球时未能控制好球的落点与方向，仍有掉球的现象。

支持性策略

·引导幼儿循序渐进地练习，如先抱球走过一定高度的路线，再在一定高度上定点拍球，最后在一定高度上行进拍球。

·允许幼儿放慢脚步或者原地拍球，等熟悉后再加快脚步移动；避免一味催促幼儿加快脚步。

·提供更丰富的材料，鼓励幼儿创设更有层次性和挑战性的游戏情境。

推进二　拍球探险

目　标

·尝试合作创设具有一定高度及变化的运球路线并运球通过，发展身体的协调性、灵敏性及平衡能力。

准　备

材料：4 号篮球人手一个，平衡板、龟壳（高 10 cm）、椅子、锥形筒、塑料圈（直径 50 cm）等若干，绳子（长 5 m）1 条。

环境：宽敞平坦的场地上，幼儿自主利用材料，合作创设高低、宽窄不

同的拍球路线。(参见图 L2-31)

图 L2-31

玩　法

幼儿人手一球，沿着路线拍球通过（走、绕、跨等）。（参见图 L2-32 至图 L2-37）

图 L2-32

图 L2-33

图 L2-34

图 L2-35

图 L2-36

图 L2-37

指导语

小朋友们选择更丰富的材料创设了更有趣的丛林路线。请小朋友们尝试站在桩子上拍球，看看谁最先穿过桩子到达终点。

观察要点

· 幼儿能否协调有力地拍球并控制球的落点、方向进行行进间拍球。

· 幼儿拍球过高矮不同的材料时，身体的平衡能力及拍球的稳定性。

· 幼儿能否边拍球边观察环境，寻找适宜的落脚点。

幼儿可能出现的表现

· 在平地上运球绕过龟壳时，能用眼睛余光结合动作控球并顺利通过；部分幼儿未能关注球与龟壳之间的距离，球碰到龟壳弹走。

· 能够边运球边跨过高约 10 cm 的龟壳。

· 能站在锥形筒上边拍球边慢慢移动脚步。

· 站高运球时，会因重心不稳无法持续站在高处或者频繁掉球；个别幼儿会产生心理负担，不敢尝试移动拍球。

支持性策略

· 尊重幼儿的游戏意愿，鼓励幼儿进行拍球挑战赛，进一步提升幼儿的动作发展水平。

· 支持幼儿继续利用周围材料，自主创设游戏环境，逐步提高难度，探索更丰富的拍球玩法，如持双球游戏。（参见图 L2-38 至图 L2-41）

图 L2-38

图 L2-39

图 L2-40

图 L2-41

注意事项

·热身运动除了活动身体和手臂之外，还应增加膝关节、踝关节等部位的活动。

·提醒幼儿过障碍时有序排队前进，避免拥挤。

·肯定幼儿的挑战精神，引导幼儿挑战而不逞强，循序渐进游戏。

（叶安妮执教、编写，苏婷婷指导）

游戏十　丛林探险

动作发展水平	水平四
年龄段	5～6岁
核心动作	变化身体高度拍球与多重任务拍球
游戏总目标	·尝试在拍球的同时完成翻、盖、捡等动作，提高观察力、专注力和控球能力。 ·尝试变化身体高度拍球，提升身体的灵敏性及协调性。 ·体验具有一定挑战性的拍球的乐趣。
观察要点	·幼儿手臂是否协调有力地拍球并能控制球的落点、方向进行行进间拍球。 ·幼儿能否根据环境和任务的变化调整拍球的节奏、姿势、方向等。

初始游戏　拍球过密林

目　标

·能够在行进拍球时关注周围环境，躲避障碍进行高位拍球，发展身体的灵敏性及协调性。

准　备

材料：4号篮球人手一个，锥形筒若干。

环境：宽敞平坦的场地上分散摆放若干锥形筒，创设“密林”的游戏情境。

玩　法

幼儿每人持一个篮球从起点出发，运球通过锥形筒创设的“密林”到达终点。游戏过程中不能碰倒锥形筒，若将锥形筒碰倒，应马上将锥形筒扶起，并回到起点重新开始游戏。(参见图 L2-42、图 L2-43)

图 L2-42

图 L2-43

指导语

小朋友，前面是一片密林，我们带着篮球去密林探险吧，试试看谁能边运球边通过密林。记住哦，运球过程中争取不碰到大树，若不小心碰倒了，要马上将它扶起来，并回到起点重新开始。我们出发吧！

观察要点

- 幼儿运球行进时能否关注周围环境，调整拍球的方向并躲避障碍。
- 幼儿是否协调有力地拍球，并能控制球的落点、方向进行行进间拍球。

幼儿可能出现的表现

- 拍球时会关注周围环境，遇到障碍能调整行进方向。
- 尝试跨障碍运球，但是在跨障碍过程中球容易脱手。
- 能够较顺利地通过障碍到达终点。

支持性策略

- 引导幼儿观察周围环境，思考遇到障碍时可以用什么方式前进。
- 增加锥形筒的摆放密度，鼓励幼儿继续挑战，不断提高控球能力。

注意事项

- 提醒幼儿过障碍时不推挤，遇到拥挤时可以改变方向行进。

推进一　翻、盖乐

目　标

- 尝试在行进拍球和原地拍球之间转换，提高对球的操控能力。
- 尝试在翻、盖锥形筒的同时持续拍球，发展身体的灵敏性及协调性。

准　备

材料：4 号篮球人手一个，锥形筒 16 个，小绒球 16 个。

环境：锥形筒分散摆放在宽敞平坦的场地上，小绒球 8 个藏于锥形筒内，8 个散放在锥形筒旁，距离有近有远。

玩　法

幼儿每人一个篮球，按人数均分为红、黄两队。红队幼儿边拍球边翻开锥形筒找绒球，黄队幼儿边拍球边用锥形筒盖住绒球。在规定时间内（2 分钟左右，幼儿熟练后可适当延长）比一比红队找到的绒球多还是黄队盖住的绒球多。整个游戏过程中，幼儿要持续拍球，在移动锥形筒的时候不能将锥形筒推倒，如果倒了要立即扶正。（参见图 L2-44、图 L2-45）

图 L2-44

图 L2-45

指导语

小朋友，今天我们来玩翻、盖锥形筒的游戏。大家分成红、黄两队，看看是红队找到的绒球多还是黄队藏的绒球多。游戏中小朋友需要边翻或盖锥形筒边拍球，大家要想办法争取不让自己的球停下来。

观察要点

- 幼儿在走动寻找绒球和原地翻或盖锥形筒的时候，能否持续拍球。
- 幼儿是否能够根据环境和任务的变化调整拍球的节奏、姿势、方向等。

·幼儿是否遵守游戏规则。

幼儿可能出现的表现

· 无法同时兼顾两手的动作，在翻或盖锥形筒时，另一只手无法持续拍球，出现掉球或抱球的情况。

·个子高的幼儿需下蹲才能触碰到锥形筒，在蹲下时出现掉球或抱球的情况。

·不受行进或定点翻或盖的影响，可以自如地持续拍球。

·在下蹲低位拍球时，能相应加快拍球节奏。

支持性策略

·保留游戏场地、材料，支持幼儿多次游戏。

·通过观看游戏视频、小组讨论等方式，引导幼儿进一步调整游戏策略，如在捡绒球时，调整拍球的节奏，改变身体姿势、前进的方向，变换左右手等。

注意事项

·引导幼儿关注游戏过程，弱化比赛结果。

推进二　捡绒球

目　标

·尝试变化身体高度拍球，在中位拍球和低位拍球之间自如转换，提升身体的灵敏性及协调性。

准　备

材料：4 号篮球人手一个，锥形筒 16 个，小绒球 16 个，塑料篮 2 个（分别做上红、黄两色标记）。

环境：锥形筒分散摆放在宽敞平坦的场地上，底部各藏有一个小绒球（参见图 L2-46）。塑料篮放在一侧外围不远处。

图 L2-46

玩　法

幼儿每人一个篮球，按人数均分为红、黄两队。游戏开始后，幼儿一边运球，一边打开锥形筒，将藏在锥形筒下的绒球捡起，放进本队的篮子里。

游戏结束后，比比看哪一队篮子里的绒球多。整个游戏过程中幼儿要持续拍球，找绒球时不能将锥形筒推倒，锥形筒倒了要扶正。

图 L2-47

图 L2-48

指导语

请小朋友们分成红、黄两队。当音乐响起后，一边运球，一边打开锥形筒，将藏在锥形筒下的绒球捡起来，放进本队的篮子里。捡绒球的时候大家争取不让球停下来。音乐结束后，比比看哪一队篮子里的绒球多。

记住：1. 在移动锥形筒的时候，另一只手要持续拍球。2. 在移动锥形筒的时候不能将锥形筒推倒，锥形筒如果倒掉要立即扶起。3. 音乐停止应结束游戏，回到空地。

观察要点

- 幼儿变换身体姿势时，拍球的持续性是否受影响。
- 幼儿是否遵守游戏规则。

幼儿可能出现的表现

- 控球能力较强的幼儿，在高、中、低位转换时能保持持续拍球。
- 控球能力较弱的幼儿，当一只手捡球时，另一只手上的球会越拍越低最终滚跑或停止。
- 求胜心切，容易出现忽略比赛规则、蹲下抱球或把锥形筒直接推倒的情况。

支持性策略

- 自主探索多重任务运球游戏，如运球揪尾巴（多重任务、中低位拍球），运球抢帽子（多重任务、中高位拍球）。（参见图 L2-49、图 L2-50）

图 L2-49

图 L2-50

（叶安妮执教、编写，苏婷婷指导）

游戏十一　运球捡果子

动作发展水平	水平四
年龄段	5～6 岁
核心动作	高低位变化运球
游戏总目标	· 探索高低位转换过障碍运球，提高控球能力，增强身体的灵敏性、协调性，发展视觉运动能力和手眼协调能力。 · 自主尝试与同伴合作游戏，培养公平竞争意识和团队精神，体验篮球游戏的乐趣。
观察要点	· 幼儿能否根据障碍物的高低灵活调节身体姿势，顺利通过障碍物。 · 幼儿运球及控球的姿势与动作是否连续、流畅。

初始游戏　运球捡果子初体验

目　标

· 尝试向不同方向运球，提高控球能力和身体的协调性。

· 乐于参与活动，体验运球的乐趣。

准　备

材料：4 号篮球人手一个，小积木或幼儿自选其他能作为“果子”的材料 20～30 个。

环境：空旷场地。

玩　法

教师扮演“农夫”站在游戏场地边，向场内撒“果子”。幼儿人手一个篮球，一边观察“果子”落地的方向，一边单手运球去捡“果子”，最后捡到“果子”最多的幼儿获胜。游戏过程中需持续拍球，不能抱球捡“果子”，若球掉了则捡回继续游戏。(参见图 L2-51)

图 L2-51

指导语

农场里的果子成熟啦，请小朋友们边运球边捡果子，看看谁能既不掉球又能捡到很多果子。

观察要点

· 幼儿运球的姿势、动作及控球的连续性和流畅性。

· 幼儿能否观察判断“果子”落地的方向，并调整运球方向。

· 幼儿在捡“果子”下蹲、站起时，能否协调、稳定、流畅地进行高低身位转换拍球，且拍球的速度和力度能否根据身位的变化做出改变。

幼儿可能出现的表现

· 运球速度过快，手脚无法协调配合且高低位运球转换不稳定，出现丢球的情况。

· 运球时手脚配合协调，运球动作持续且稳定，高低位运球转换自如。

· 在与同伴竞争的过程中，由于求胜心切，出现违反游戏规则的情况，如抱球捡“果子”、球掉落后没有及时捡回而徒手捡“果子”等。

支持性策略

· 在游戏后，通过播放视频的方式，引导幼儿发现游戏中存在的规则问题，组织幼儿讨论、明确游戏规则，增强幼儿的规则意识。

· 在日常体育集中活动及户外自主活动中，组织幼儿进行高低位运球和快速运球的比赛，逐步提高幼儿快速运球和控球的能力，并让幼儿从心理上逐渐适应紧张感。

注意事项

· 游戏运动强度较大，要注意控制好时间和次数，提醒幼儿适当休息。

·控制参与游戏的人数，防止幼儿在游戏中互相碰撞。

·撒“果子”时需要注意控制数量、频率、方向，避免使幼儿拥挤和体力消耗过大。

推进一　我们一起合作吧！

目　标

·尝试向各个方向运球，提高控球能力和身体的协调性。

·乐于与同伴合作，体验与同伴合作的乐趣。

准　备

材料：4 号篮球人手一个，小积木或幼儿自选其他能作为“果子”的材料 20～30 个，颜色不同的塑料篮 2 个。

环境：宽敞的场地，将两个塑料篮分别放在场地的两端。

玩　法

幼儿人手一个篮球，自由结伴，按人数均分为红、黄两队。游戏开始后，“农夫”（教师）开始撒“果子”，幼儿运球捡“果子”，并将捡到的“果子”放在自己小组的塑料篮里。游戏结束后，统计每个篮内“果子”的数量，数量多的小组为胜。游戏过程中需持续拍球，不能抱球捡“果子”，若有违规则，每次扣掉一个“果子”作为惩罚。（参见图 L2-52）

图 L2-52

指导语

小朋友们，现在大家先找到你喜欢的好朋友组队，一共分成两队。想一想，小组成员该怎么配合才能捡到更多的果子？

观察要点

·幼儿高位运球与低位运球的转换情况是否较前阶段更加流畅，拍球动作是否持续、稳定。

·小组合作时能否互相讨论、协商游戏策略。

·幼儿能否遵守游戏规则。

金教鞭

幼儿可能出现的表现

·运球速度过快，手脚无法协调配合且高低位运球转换不稳定导致丢球。

·运球时手脚配合协调，运球动作持续且稳定，高低位运球转换自如。

·有的幼儿与同伴配合不足，未形成良好的配合策略；有的幼儿能与同伴讨论游戏的策略，如每人选择不同的站位、距离自己太远的“果子”让同伴去捡、提醒同伴及时捡“果子”等。

支持性策略

·鼓励游戏中配合默契的幼儿，分享他们的合作策略，鼓励其他幼儿试一试，同时引导幼儿在接下来的游戏过程中再想想、试试还有哪些合作的策略。

·投放纸、笔，引导幼儿对每次比赛的结果进行记录。

·鼓励幼儿寻找适合的材料，创设更具挑战性的游戏环境，不断提高控球能力。

注意事项

·控制参与游戏的人数，防止幼儿在游戏中互相碰撞。

推进二　穿越障碍网大挑战

目　标

·挑战用不同的方式运球过障碍，发展身体的协调性和灵敏性。

·体验挑战具有一定难度的游戏带来的快乐。

准　备

材料：4号篮球人手一个，小积木或幼儿自选其他能作为“果子”的材料20～30个，绳子（长5 m）1条，颜色不同的塑料篮2个，椅子5把。

环境：宽敞的场地上，幼儿自主利用周围环境和材料，将绳子交错拉设成宽约3 m、高低错落的障碍网，创设游戏情境。（参见图L2-53）

图 L2-53

玩　法

幼儿人手一个篮球，与同伴自由组队，根据人数均分为红、黄两队。游戏开始后，“农夫”（教师）开始撒“果子”，幼儿运球穿过障碍网捡“果子”，并将捡到的“果子”放在自己小组的塑料篮里。游戏结束后，统计每个篮子里“果子”的数量，数量多的小组为胜。(参见图 L2-54、图 L2-55)

图 L2-54

图 L2-55

指导语

小朋友，你们这次创设的捡果子场景增加了难度。试一试你们能用什么方法边拍球边通过有高有低的障碍网，并且捡到更多的果子。记住哦，捡果子时和通过障碍网时，都不能抱球，否则扣掉一个果子。

观察要点

· 幼儿运球穿越障碍网的方法。

· 采取弯腰运球过障碍的幼儿，在运球时能否随着身位变低改变运球速度。

· 采取跨越运球过障碍的幼儿，在运球时能否根据绳子的高低判断抬脚的高度。

幼儿可能出现的表现

· 能够根据自身动作水平，选择或弯腰或跨越等不同的方式过障碍。

· 无法一边拍球一边跨越障碍，出现抱球过障碍的情况。

· 在运球时不能顺畅地改变身位，在过障碍时经常碰到绳子。

· 能够手脚配合协调过障碍并保持运球稳定。

· 能够商讨记录的方式并对比赛结果进行简单的记录。

支持性策略

- 鼓励幼儿尝试不同的方法通过障碍，提高幼儿的控球能力。
- 鼓励幼儿继续拓展思维，寻找适宜的材料创设更丰富的游戏场景。
- 对坚持挑战游戏并遵守规则的幼儿给予肯定。

注意事项

- 提醒幼儿注意安全，运球过障碍时不要冲撞，避免勾到绳子摔倒。

推进三　运球过障碍

目　标

- 尝试运用多种方式拍球过障碍，发展上下肢力量及身体的协调性。
- 体验自主设计篮球游戏带来的快乐。

准　备

材料：4 号篮球人手一个，绳子 1 条，高低不同的椅子 10 把。

环境：宽敞的场地上，幼儿自主利用材料创设障碍路线。（参见图 L2-56）

图 L2-56

玩　法

幼儿人手一个篮球，从起点出发，运球过障碍到达终点。

指导语

小朋友们，你们这次创设的场景更加有趣了，难度更高了。试一试你们能用什么运球方法顺利通过这些障碍。记住了，过障碍时不能抱球，而且，如果在运球过程中球掉落，要将球捡回，回到起点重新开始游戏。

观察要点

· 幼儿运用哪些运球方式过障碍。

· 幼儿运球过障碍时，能否保持拍球的稳定性和持续性。

幼儿可能出现的表现

· 运球站上椅子时容易失去平衡，出现掉球的情况。

· 能够灵活调控身体，保持平衡运球过障碍。

· 能够根据障碍的高低、稳定程度及障碍之间的距离来选择不同的过障碍方式，如拍球跨过障碍、弯腰过障碍等。（参见图 L2-57、图 L2-58）

图 L2-57

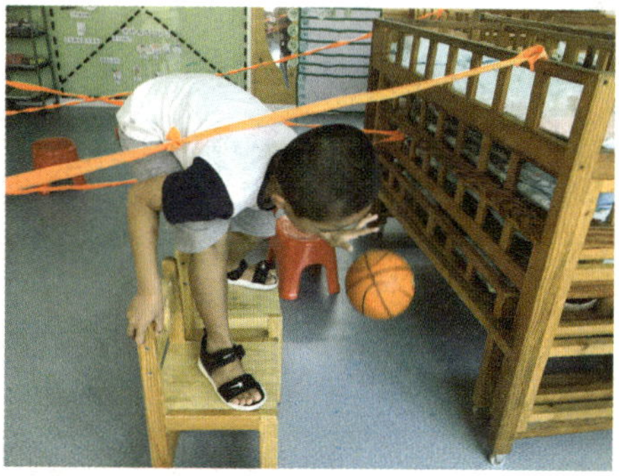

图 L2-58

支持性策略

· 鼓励幼儿学习、借鉴同伴间不同的方式过障碍，如拍球跨过障碍、弯腰过障碍、高位拍球过障碍、低位拍球过障碍、侧身拍球过障碍等。

· 引导幼儿观察自己摆放的障碍，针对存在安全隐患、难度较大等情况，及时引导幼儿进行调整。障碍的设置可由少到多、由低到高、由窄到宽、由一致到变化，按照幼儿水平及幼儿意愿逐步提高难度。

注意事项

· 提醒幼儿注意安全，连续拍球时，留心看好脚下障碍物位置，避免踩空。

（江少娜执教、编写，苏婷婷指导）

三、抛球游戏

游戏一　抛抛乐

动作发展水平	水平一
年龄段	3～4 岁
核心动作	双手抛物
游戏总目标	• 尝试双手用力向上抛物，发展协调能力。 • 体验抛物的乐趣。
观察要点	• 幼儿能否自主尝试探索抛物的方法。 • 幼儿能否双手用力向上抛物。 • 幼儿抛物时肢体、手眼是否协调。

初始游戏　抛飞盘

目　标

• 自主尝试用单手或双手抛物，发展协调能力。

• 体验抛物的乐趣。

准　备

材料：材质、大小不同的飞盘和小抱枕等若干。（参见图 L3-1、图 L3-2）

环境：宽敞平坦的场地。

图 L3-1

图 L3-2

玩　法

幼儿自主选择材料，在宽敞平坦的场地上自由抛起物体。（参见图 L3-3）

图 L3-3

指导语

想一想、试一试，你的飞盘能否飞起来？

观察要点

· 幼儿能否用抛的动作抛物。

· 幼儿能否用力向上抛物。

幼儿可能出现的表现

· 乐于挑选自己喜爱的物品进行抛物尝试。

· 多次尝试用双手把物品向上抛，可是屡次把物品抛到脑后或抛不高。

· 一直尝试把物品向上抛并且想接住，偶尔也接到了。

· 因欣赏材料而忘记抛物的任务。

支持性策略

· 示范正确的抛物动作，引导幼儿通过摆动双臂将物品抛起并抛到一定高度。

· 鼓励观望的幼儿单手抛小物品，体验抛物品的感觉。

推进一　向上抛高

目　标

· 能用双手将物体用力向上抛高，发展身体协调性及上肢力量。

准　备

材料：飞盘、小抱枕若干。

环境：宽敞平坦的场地。

玩　法

幼儿人手一个抱枕或飞盘，在宽敞平坦的场地上，双手向上用力抛起抱枕或飞盘。（参见图 L3-4）

图 L3-4

指导语

小朋友们，上次你们试着用双手把

物品抛起来，这次我们来试一试将物品向上抛。

观察要点

- 幼儿能否用双手抛物，是否用力向上抛，手臂是否用力。
- 幼儿是否乐意与同伴互动。

幼儿可能出现的表现

- 能摆动双臂抛出物品。
- 身体稍蹲然后一跃而起，同时摆动双臂将物品抛出。

支持性策略

- 提供不同的球如纸球、软球等，鼓励幼儿将球抛起。

推进二　球儿蹦蹦高

目　标

- 尝试将不同大小、种类的球抛起，增强手臂肌肉的力量。

准　备

材料：瑜伽球（直径 55 cm）、波波球、羊角球（直径 40 cm）、3 号篮球。

环境：宽敞平坦的场地。

玩　法

幼儿自主选择材料进行抛球的游戏。（参见图 L3-5、图 L3-6、图 L3-7）

图 L3-5

图 L3-6

图 L3-7

指导语

今天老师提供了不同大小的球，你们选择自己喜欢的球，试着把球抛起来吧。

观察要点

·幼儿能否通过摆动双臂把球抛起，抛球时双手的力量、方向控制的情况。

·幼儿能否把球抛过头顶或更高的高度。

·幼儿参与游戏的兴趣与坚持情况。

幼儿可能出现的表现

·在摆动双臂时能调节双臂力量的大小把球抛出一定高度。

·能把球向上抛，有的幼儿把球抛向斜前方，有的幼儿抛球方向不定。

支持性策略

·示范抛球的动作，引导幼儿关注手臂摆动的动作，强调双手要用力。

（郭丽声执教，林艳春编写，毛一冉指导）

游戏二　飞吧，球宝宝！

动作发展水平	水平二
年龄段	3～4岁
核心动作	双手有力地向一定高度抛球
游戏总目标	·初步尝试双手抛球至一定高度，发展身体协调性。 ·体验抛球的乐趣。
观察要点	·幼儿双臂用力是否均匀。 ·幼儿抛球的方向控制和高度情况。 ·幼儿抛球时手眼配合是否协调。

初始游戏　抛起球宝宝

目　标

·能用力摆动双臂把球抛高，发展身体协调性。

·体验抛球的乐趣。

准　备

材料：4 号波波球人手一个。

环境：宽敞平坦的场地。

玩　法

幼儿人手一个波波球，在宽敞平坦的场地上双手向上抛球。

指导语

小朋友们，你们已经能成功地把不同的球抛起来。这次大家换成一样的球，看看谁能把球抛得高高的。

观察要点

- 幼儿能否用双手用力抛球，手臂是否向上摆动。
- 幼儿抛球是否专注。

幼儿可能出现的表现

- 尝试着用双手把球往上方抛起，由于双臂用力不均匀导致无法把球抛高。
- 能摆动双臂把球抛起来，但方向、高度不定。
- 幼儿间互相模仿，自然习得同伴的经验。

支持性策略

- 示范抛球的正确动作，提醒幼儿两臂要同时用力。

推进一　抛球亲子乐

目　标

- 能把球抛到一定的高度，发展身体协调性。
- 体验抛球的乐趣。

准　备

材料：4 号波波球、两种高度（25 cm、35 cm）的椅子若干。

环境：宽敞平坦的场地，场地上间隔一定距离摆放椅子。

玩　法

家长站在椅子上，幼儿持球站在地上，家长与幼儿面对面间隔 1.5 m。家长双臂平举，幼儿尝试用双手把球抛向家长，家长接住球再递给幼儿。（参见

图 L3-8、图 L3-9）

图 L3-8

图 L3-9

指导语

小朋友们，今天爸爸妈妈来参与抛球游戏，你们能把球抛到爸爸或妈妈的手里吗？一起试一试吧！

观察要点

·幼儿能否用双手抛球，手臂是否用力。

·幼儿能否将球抛到家长手中。

幼儿可能出现的表现

·球抛得太低或者方向不定，家长无法接到球。

·在家长的引导下会由手臂僵直、双手用力不均匀进步到能利用蹬腿以及全身的力量，双手均匀用力地将球抛向家长手中。

支持性策略

·引导幼儿在家中继续与家长一起玩抛球游戏，请家长根据幼儿抛的情况逐步增加椅子的高度。

·提供有一定高度的目标物等，鼓励幼儿将球抛起触物。

注意事项

·活动之前邀请家长，并把活动内容、要求告知家长。

·选择牢固结实的木制椅子让家长站立，并在游戏中提醒幼儿要等到家长站稳后再抛球。

（郭丽声执教，陈丽琼编写，毛一冉指导）

游戏三　越过彩虹线

动作发展水平	水平二
年龄段	3～4 岁
核心动作	双手有力地向一定高度抛球
游戏总目标	• 尝试将球抛到一定的高度，发展身体协调性。 • 体验抛球的乐趣。
观察要点	• 幼儿双臂用力是否均匀。 • 幼儿抛球的方向控制和高度情况。 • 幼儿抛球时手眼配合是否协调。

初始游戏　碰彩旗

目　标

• 尝试双手把球抛到一定的高度，发展身体协调性及上肢力量。

• 体验抛球的乐趣。

准　备

材料：4 号波波球人手一个，缀着彩旗的彩带 1 条。

环境：宽敞平坦的场地上横挂着一条彩带，彩带离地 1.2 m～1.5 m。

玩　法

幼儿人手一个球，站在彩带下，双手用力将球抛起，碰触彩带上的彩旗。（参见图 L3-10、图 L3-11）

图 L3-10

图 L3-11

指导语

小朋友们，你们看今天场地上多了一条彩带，上面有很多彩旗，谁能抛起球碰到彩旗？大家来试一试吧！

观察要点

· 幼儿能否用双手向上抛球，手臂是否用力。

· 幼儿抛出的球是否能碰到彩旗。

幼儿可能出现的表现

· 双手手指张开在胸前托住球，双腿弯曲，然后蹬腿伸臂、压腕向上前方抛出球，但双手用力不均匀，球抛不到彩旗的高度。

· 能将球顺利抛起触碰到彩旗，提出挑战更高的彩旗的想法。

· 无法将球抛得很高，只能离手 20 cm 左右，类似掂球。

支持性策略

· 示范向上抛球的动作，同时鼓励幼儿同伴间互相学习。

· 游戏中对无法将球抛高的幼儿进行个别指导，可适当压低彩旗，让其有成功的体验。

· 根据幼儿不同的水平，调整彩带的悬挂方式，以斜线型从 1.2 m 逐渐过渡到 1.5 m 的高度。

推进一　抛过彩带

目　标

· 能通过摆动双臂把球抛过彩带，发展身体协调性。

· 体验抛球的乐趣，喜欢参与抛球游戏。

准　备

材料：4 号波波球人手一个，缀着彩旗的彩带 1 条。

环境：宽敞平坦的场地上斜挂着一条彩带，彩带一头离地 1.5 m，另一头离地 1.8 m。

玩　法

幼儿人手一个球，站在离彩带 1 m 的起抛线上，自由尝试将球抛过不同

高度的彩带。（参见图 L3-12 至图 L3-15）

图 L3-12

图 L3-13

图 L3-14

图 L3-15

指导语

小朋友们，场地上有不同高度的彩带，大家来挑战把球抛过不同高度的彩带吧。

观察要点

- 幼儿能否用双手向上抛球，手臂是否用力。
- 幼儿选择材料的情况。
- 幼儿能否将球抛过彩带。

幼儿可能出现的表现

- 一开始选择了彩带比较高的一端尝试抛球，但较少成功抛过彩带。
- 能手臂弯曲，双手手指张开在胸前托住球，双腿弯曲，然后蹬腿伸臂、压腕向上前方抛出球，但双手用力不均匀，球抛不高。
- 选择先将球顺利抛过低的彩带，再逐步挑战高的彩带。

支持性策略

·站在无法抛起球的幼儿身后，手把手带幼儿抛球，让幼儿感受抛球的动作和抛起的力量。

·提供记录贴纸，记录幼儿抛球成功的次数，激发幼儿积极尝试。

·提供离地高于 1.8 m 的彩带，鼓励幼儿继续挑战。

（陈丽琼执教，郭丽声编写，林艳春指导）

游戏四　飞翔的小鸟

动作发展水平	水平三
年龄段	4～5 岁
核心动作	双手抛球——抛高
游戏总目标	·能积极主动地探索将球抛高的方法。 ·能通过有效摆臂、压腕，双手用力均匀地将球抛起一定的高度和距离，促进手臂肌肉力量的协调发展。 ·能遵守游戏规则，懂得保护自己。
观察要点	·幼儿双臂用力是否均匀。 ·幼儿能否通过有效摆动双臂抛球。 ·幼儿抛球的高度、距离和方向。

初始游戏　小鸟学飞

目　标

·自主探索将球抛高的方法，锻炼手眼协调和准确控制上肢肌肉的能力。

准　备

材料：5 号篮球人手一个。

环境：宽敞平坦的场地。

玩　法

幼儿人手一个篮球，双手胸前持球，利用摆臂、压腕将球往上前方抛出。

指导语

小朋友们试一试，如何让你的球像小鸟一样飞起来？

观察要点

·幼儿抛球的方法。

• 幼儿能否在摆臂、压腕的同时将球从胸前向上前方抛出。

• 幼儿抛球的高度与方向。

幼儿可能出现的表现

• 抛球的方法各不相同，有的幼儿压腕将球往上前方抛（参见图 L3-16），有的幼儿掌心向上抛球（参见图 L3-17），有的幼儿双手持球侧身回转向上前方抛球（参见图 L3-18），有的幼儿掌心向外持球、跨步屈膝向上前方抛球（参见图 L3-19）。

• 双手用力不均匀，导致抛球的方向不稳、高度不够。

图 L3-16

图 L3-17

图 L3-18

图 L3-19

支持性策略

• 引导幼儿交流分享自己把球抛高的方法。

• 个别示范指导，引导幼儿双脚分开，手臂屈肘，胸前持球，利用蹬腿、摆臂、压腕将球向上前方抛出，两臂用力要均匀。

• 鼓励幼儿寻找参照物，以感受球上抛的高度。

注意事项

·选择宽阔平坦的场地，防止幼儿跌倒。

·幼儿的距离拉开，防止幼儿被球砸到。

推进一　小鸟起飞

目　标

·能有效摆臂将球抛到指定的高度，促进手臂肌肉力量的协调发展。

准　备

材料：5 号篮球人手一个，“人”字梯或适合固定拉绳高度的器械 2 个，绳子（长 3 m）1 条。

环境：宽敞平坦的场地上，在离地 1.5 m～2 m 的高度拉设一条 3 m 长的绳子。

玩　法

幼儿面向绳子站立，把球抛过绳子。

指导语

小朋友，谁的球能像小鸟一样飞过高高的绳子呢？大家来比一比谁的球抛得高、抛得远。

观察要点

·幼儿是否利用蹬腿、摆臂、压腕将球向上前方抛出。

·幼儿摆臂幅度的大小，左右手是否均匀用力。

·幼儿抛球的高度和距离。

幼儿可能出现的表现

·仅用手臂发力抛球，或者左右手用力不均匀，球未能达到绳子的高度。

·未掌握双手抛球的基本动作要领，有的从胯前向上抛球，有的身子后倾从额前抛球。

·能运用蹬腿、摆臂、压腕将球向上前方抛出，抛得高又远。

支持性策略

·组织幼儿交流讨论：哪种抛球方式更容易抛球过绳子？

·设置不同高度的绳子供幼儿根据自己的能力自由选择进行游戏，增强其自信心。

·设置发球区和发球点，完善游戏规则。

推进二　飞越高山

目　标

·能通过腿部的蹬伸和手臂有效摆动，将球抛出更高更远的距离，促进身体动作协调发展，提高手臂肌肉力量。

准　备

材料：5 号篮球人手一个，“人”字梯或适合固定拉绳高度的器械 2 个，绳子（长 3 m）1 条。

环境：宽敞平坦的场地上，在离地 1.5 m～2 m 的高度拉设一条 3 m 长的绳子，距离绳子 1.5 m～2.5 m 处设置发球起点线。

玩　法

幼儿站在发球区起点线后面，把球抛过绳子。

指导语

小朋友们，我们已经会把球抛得高高的，今天我们来比一比，谁能让手中的球飞得又高又远。

观察要点

·幼儿能否利用蹬腿、摆臂、压腕、转身，将球向上前方抛出。

·幼儿抛球动作的连贯性。

·幼儿抛球的高度和距离。

幼儿可能出现的表现

·能将球抛得高，但是未能达到线的距离。

·能用力将球抛到绳子的位置，但高度不够，未能越过绳子。

·能双手均匀用力，利用蹬腿、摆臂、压腕，将球向上前方抛出，抛得高又远，能越过绳子。（参见图 L3-20 至图 L3-23）

图 L3-20

图 L3-21

图 L3-22

图 L3-23

支持性策略

·引导幼儿交流将球抛得又高又远的方法。

·设置不同距离的发球区、不同高度的绳子供幼儿根据自己的能力自主游戏。

（陈小芹执教、编写，王素妍指导）

游戏五　小刺猬采果子

动作发展水平	水平三
年龄段	4～5 岁
核心动作	抛球击物
游戏总目标	· 尝试通过有效摆臂、双手均匀用力将球抛起一定高度，并能击中目标，发展身体协调性。 · 体验抛球的乐趣。
观察要点	· 幼儿能否通过有效摆动双臂抛球。 · 幼儿能否将球抛到一定高度并击中目标，发展手眼协调能力。

初始游戏　击中果子

目　标

·尝试手臂均匀用力将球抛起一定高度并击中目标，发展手眼协调能力。

·体验抛球的乐趣。

准　备

材料：4 号波波球人手一个，塑料球若干，塑料篮 1 个。

环境：宽敞平坦的场地上，在离地 1.5 m 的高度悬挂若干“果子”（塑料球），创设“果园”场景。（参见图 L3-24）

玩　法

幼儿人手一个球站在“果园”中，双手用力向上抛球，触碰垂吊着的“果子”，并将掉落的“果子”捡起来放到场地边的塑料篮里。（参见图 L3-25）

图 L3-24

指导语

小朋友们，你们看树上有很多果子，大家试试用抛球的方法把树上的果子打下来。

图 L3-25

观察要点

· 幼儿是否对准目标抛球，手臂是否用力。

· 幼儿是否具有坚持不懈、不怕困难的品质。

幼儿可能出现的表现

· 对向上抛球击物的兴趣很浓，努力地尝试着把球抛高触碰悬挂物。

· 在场地里穿梭，用心选择目标，但无法把球抛到目标的高度。

支持性策略

· 调整悬挂的塑料球的大小和高度，让幼儿可以根据自己的能力选择相应的大小、高度的目标，提高成功率。

推进一　谁摘的果子多

目　标

· 手臂均匀用力向上抛球，击中不同高度、大小的目标物，发展动作的准确性和协调性。

·体验抛球的乐趣。

准　备

材料：4 号波波球人手一个，大小不同的塑料球若干，塑料篮 1 个。

环境：宽敞平坦的场地上，在离地不同高度上悬挂大小不同的“果子”（塑料球），创设“果园”场景。

玩　法

幼儿人手一个球站在“果园”中，双手用力向上抛球，触碰垂吊着的“果子”，并将掉落的“果子”捡起来放到场地边的塑料篮里。（参见图 L3-26）

图 L3-26

指导语

小朋友们，今天树上的果子有大有小，有高有低，大家可以选择自己喜欢的果子，抛球将它打下来。

观察要点

·幼儿是否摆动双臂抛球，双手是否均匀有力。

·幼儿抛球前膝盖是否弯曲，是否有蹬伸动作。

·幼儿手眼是否协调，能否准确击中目标。

幼儿可能出现的表现

·能坚持不懈地努力把球抛向“果子”，抛球击落低处的“果子”成功后，马上挑战更高处的“果子”。

·在教师的指导下能初步掌握向上抛球的动作要领，能双手在胸前托住球，利用蹬腿、伸臂、压腕将球向上方抛出。

·抛球时站位距离目标过远，球始终够不到目标。

支持性策略

·示范向上抛球的动作，提醒幼儿注意观察蹬伸、摆动双臂的动作。

·请抛球击物成功率高的幼儿示范抛球的动作，分享成功的经验，提醒幼儿除了注意动作还要注意站位。

·鼓励幼儿分组进行“击果子”比赛。

（陈丽琼执教，郭丽声编写，林艳春指导）

游戏六　小超人有本领

动作发展水平	水平三
年龄段	4～5 岁
核心动作	抛球击物
游戏总目标	· 双臂均匀有力地向前方抛球，发展手臂和腰腹力量。 · 愿意尝试挑战，感受抛球的乐趣。
观察要点	· 幼儿能否通过有效摆动双臂抛球。 · 幼儿能否将球抛出一定距离，并击中目标。

初始游戏　打怪兽

目　标

· 双臂能均匀有力地向前方抛球并击中 1.5 m 处的目标，发展动作的准确性和协调性。

· 体验抛球的乐趣。

准　备

材料：4 号波波球人手一个，角色胸贴、怪兽图卡若干，网兜 1 个，呼啦圈若干。

环境：宽敞平坦的场地，呼啦圈从起点沿直线接连摆放至警戒线。警戒线对面 1.5 m 处立着一个挂着怪兽图卡的网兜。怪兽图卡距离地面约 1.5 m。（参见图 L3-27）

图 L3-27

玩　法

幼儿身上贴着超人的角色胸贴扮演小超人，抱球从起点出发，逐一跳过呼啦圈，到达警戒线后双手将球用力抛向前方，击中网兜上的怪兽图卡。（参

见图 L3-28、图 L3-29）

图 L3-28

图 L3-29

指导语

小超人们，今天我们来玩“过河打怪兽”的游戏，大家带上球出发去挑战吧。

观察要点

·幼儿抛球时双臂用力是否均匀，双脚是否有蹬伸的动作，身体是否协调。

·幼儿能否将球抛出并击中目标。

幼儿可能出现的表现

·能通过不断尝试，双臂均匀有力地将球抛出，击中目标。

·由于手眼协调性不够，无法用球抛中目标。

支持性策略

·示范向前抛球的动作，并请击中目标成功率较高的幼儿分享经验。

·调整目标大小，将其中一个图卡变大，帮助手眼协调性弱的幼儿明确目标。

·逐渐加大幼儿与目标之间的距离，增加游戏难度。

推进一　挑战又高又远的怪兽

目　标

·双臂能均匀有力地向前方抛球并击中 2 m 处的目标，提高动作的准确性和协调性。

·体验抛球的乐趣。

准　备

材料：4 号波波球人手一个，角色胸贴、怪兽图卡若干，网兜 1 个，呼啦圈若干。

环境：宽敞平坦的场地，呼啦圈从起点沿直线接连摆放至警戒线。警戒线对面 2 m 处立着一个挂有怪兽图卡的网兜。怪兽图卡距离地面 1.5 m～1.8 m。

玩　法

幼儿身上贴着超人的角色胸贴扮演小超人，抱球从起点出发，逐一跳过呼啦圈，到达警戒线后双手将球用力抛向前方，击中网兜上的怪兽图卡。（参见图 L3-30）

图 L3-30

指导语

小朋友们，你们加长了警戒线，怪兽离你们更远了，有的怪兽还变高了，你们再去挑战吧。

观察要点

· 幼儿抛球时双臂用力是否均匀，双脚是否有蹬伸的动作，身体是否协调。

· 幼儿能否将球抛出并击中目标。

幼儿可能出现的表现

· 抛球时能双臂均匀有力、身体协调地把球抛出并击中目标。

· 双脚不蹬伸，以致球无法击中较高处的目标。

· 不遵守规则，一直越过警戒线抛球。

支持性策略

· 示范抛球击物动作，提醒幼儿注意做出双脚蹬伸的动作。

· 带上怪兽的头饰，在一定距离外横向移动，鼓励幼儿抛球击中移动的物体。

· 提醒个别不遵守规则的幼儿一定要在警戒线后抛球。

（黄爱萍执教，郭丽声编写，林艳春指导）

游戏七　勇敢小兵

动作发展水平	水平四
年龄段	5～6 岁
核心动作	双手抛球——抛准
游戏总目标	·通过蹬腿、摆臂、压腕将球从胸前抛出，增强手臂肌肉力量，提高手眼协调能力。 ·通过调整抛球力度和动作，自主调节抛球距离、高度和方向，发展动作的准确性和协调性。 ·喜欢参加抛球活动，能遵守游戏规则、保护自己，体验抛球的乐趣。
观察要点	·幼儿能否通过摆臂、压腕和拨指将球抛出。 ·幼儿能否向指定方向抛球。 ·幼儿是否出现屈臂胸前抛球的动作。

初始游戏　小兵投弹

目　标

·通过蹬腿、摆臂、压腕将球从胸前抛出，提高抛球动作的准确性和协调性。

·自主游戏，体验抛球乐趣。

准　备

材料：5 号篮球、7 号篮球若干，竹梯（每格洞约为 40 cm×30 cm）。

环境：宽敞平坦的场地。

玩　法

将竹梯斜靠在墙体上，幼儿手持篮球抛投进不同高度的竹梯“洞”里。

指导语

小兵们，你想把球投进哪个洞里呢？试一试，怎样能够将球投进你选定的竹梯洞里。（参见图 L3-31）

图 L3-31

观察要点

· 预备抛球时幼儿手臂、手腕、手指的准备动作是否到位，是否双脚分开、屈膝。

· 幼儿能否做到手臂稍微弯曲，掌心向斜上方，在摆臂、压腕的同时将球向前上方抛出。

· 幼儿抛球距离的长短，幼儿是否有瞄准的意识。

幼儿可能出现的表现

· 越是抛球进不了洞，抛球动作就越不标准，忘记摆臂、压腕的关键动作。

· 具有瞄准意识，能抛球进自己选定的“洞”。

· 有的幼儿不断挑战自我，加长抛球距离且选择不同高度的“洞”；有的则缩短抛球距离。

支持性策略

· 引导能力较弱的幼儿选择体积较小的物体，如用沙包（10 cm×10 cm）等代替篮球，提高幼儿抛球进“洞”的成功率，增强幼儿的自信心。

· 将摆臂、压腕的抛球动作编成儿歌，帮助幼儿抛球时记忆动作要点。抛球儿歌：两脚稍稍分分开，膝盖微微弯弯曲。两手手心面对面，手指弯曲把球抱。手臂前摆压压腕，球儿乖乖抛进“洞”。

· 随着幼儿抛球能力的提升，调整游戏难度，如改变“洞”的方向和高度，促进幼儿抛球能力的发展。

注意事项

· 提醒幼儿当有人到竹梯旁捡球时，应先暂时停止抛球。

· 引导幼儿活动结束后放松手脚及肌肉。

推进一　投弹入洞

目　标

· 尝试屈臂、压腕胸前抛球，提高抛球动作的协调性和连贯性。

· 喜欢参加抛球活动，能遵守游戏规则、保护自己，体验抛球的乐趣。

准　备

材料：5 号篮球、7 号篮球若干，呼啦圈若干。

环境：宽敞平坦的场地。

玩　法

·二人游戏：一名幼儿手持呼啦圈，另一名幼儿手持篮球抛进呼啦圈。（参见图 L3-32）

·多人游戏：多名幼儿手持呼啦圈围成圆圈，抛球幼儿站立在圆圈中间，手持篮球投入自己面向的呼啦圈。（参见图 L3-33）

图 L3-32

图 L3-33

指导语

小朋友们，自己找好伙伴一起游戏，有人拿圈，有人拿球抛过圈。

观察要点

·幼儿是否做到屈臂、压腕、胸前抛球。

·对于不同方向、不同高度的呼啦圈，幼儿能否调整相应的站位或改变抛球方向。

·幼儿抛球动作的协调性和连贯性。

幼儿可能出现的表现

·持圈的幼儿对抛过来的球感到害怕，条件反射地躲避，导致同伴抛球进圈失败。

·呼啦圈放置低于腰部，抛球的幼儿会忽略屈臂、压腕的抛球动作，变成双手掌心朝上持球往前扔。

·手眼协调能力好的持圈幼儿，会自行调整位置主动去接住抛过来的球。

支持性策略

·请能力强、动作规范的幼儿在集体面前示范，鼓励同伴间互相学习。

· 对于抛球方向控制能力较弱的幼儿，利用面积较大的材料如 60 cm×

60 cm 的爬行垫等，鼓励他们玩抛球击中不同方位物体的游戏。

· 支持能力强的幼儿加大游戏难度，持圈的幼儿将手中的呼啦圈变换不同高度、不同方位，让游戏更具挑战性。

注意事项

· 呼啦圈不要高过肩膀，以防球砸到持圈幼儿的头部。

· 呼啦圈不要低于膝盖，避免幼儿抛球动作错误。

（黄晓玲执教、编写，王素妍指导）

游戏八　荒岛奇遇

动作发展水平	水平四
年龄段	5～6 岁
核心动作	双手抛球——抛准
游戏总目标	· 能双手曲臂胸前用力抛球并抛准，发展协调能力。 · 遵守游戏规则，敢于挑战难度，感受抛球的乐趣。
观察要点	· 幼儿能否全身协调配合用力，通过摆臂、压腕将球向上抛起。 · 幼儿能否根据目标主动调节抛球高度和方向。 · 幼儿在活动中是否出现屈臂胸前抛球的动作。

初始游戏　抛椰果

目　标

· 通过摆臂、压腕将球由胸前向上抛起，发展协调能力。

· 体验抛球的乐趣。

准　备

材料：折叠垫（宽 1 m）3 张，4 号波波球若干。

环境：宽敞平坦的场地，场地中用折叠垫摆成小山的造型。（参见图 L3-34）

图 L3-34

玩　法

幼儿分成两队，一队扮演野人，一队扮演勇士，站在折叠垫两侧，把球抛到对方阵地里。（参见图 L3-35、图 L3-36）

图 L3-35

图 L3-36

指导语

小勇士们，对面是岛上的野人，我们和野人来玩“抛椰果”游戏吧。将球当成椰果用力地抛到野人那边，野人捡到椰果抛回给勇士。

观察要点

·幼儿能否全身协调配合用力，通过摆臂、压腕将球向上抛起。

·幼儿是否出现屈臂胸前抛球的动作。

幼儿可能出现的表现

·能选择适合自己能力范围内的位置，双手胸前抛球，并用力把球投向对方。

·抛球时距离折叠垫太远，导致球没有抛过折叠垫。

支持性策略

·示范动作，指导幼儿全身协调配合用力，通过摆臂、压腕将球抛到对方阵地里。

·请出现屈臂胸前抛球动作的幼儿在集体面前示范，鼓励同伴间互相学习。

推进一　鲨鱼来了

目　标

·尝试根据目标主动调节抛球的方向。

准　备

材料：折叠垫（宽 1 m）若干，贴有鲨鱼标志的、能灵活移动的车子 1

个，4 号波波球若干。

环境：宽敞平坦的场地，将折叠垫拼在一起，创设“荒岛”情境。（参见图 L3-37）

图 L3-37

玩　法

教师推着车子绕“荒岛”移动，扮演鲨鱼游动的样子。幼儿站在“荒岛”上将球投入车子里。投进一定数量的球后，教师拉着车离开，表示鲨鱼被打跑了，游戏结束。（参见图 L3-38）

图 L3-38

指导语

小朋友们，你们讨论要在荒岛旁设置大鲨鱼的角色，现在老师拉着车子当大鲨鱼，你们站在垫子上将球抛进车子里。

观察要点

· 幼儿能否全身协调配合用力，通过摆臂、压腕将球投进移动的车里。

· 幼儿能否根据车子移动的方向来调整抛球的方向，能否根据车子的远近来调整抛球的力度。

幼儿可能出现的表现

· 未遵守游戏规则，没有站在垫子上投球。

· 无法将球抛进移动的车子里，方向变化较慢。

支持性策略

· 调整车子与垫子的距离，由近到远。

· 调整车子的速度，由慢到快，让幼儿能观察到车子变化的方向。

推进二　饥饿的巨人

目　标

· 尝试根据目标主动调节抛球高度和方向，发展手眼协调能力及反应能力。

准　备

材料：折叠垫（宽 1 m）若干，大网兜 1 个，4 号波波球若干。

环境：宽敞平坦的场地，将折叠垫拼在一起，创设“荒岛”情境。

玩　法

教师手持一个大网兜扮演巨人，绕着“荒岛”周围走动。幼儿站在“荒岛”上，将球抛入大网兜里。投进一定数量的球后，“巨人”离开，游戏结束。（参见图 L3-39）

图 L3-39

指导语

小朋友们，你们向老师要求增加巨人的角色，现在老师是手持大网兜的巨人。如果巨人的大网兜里有很多椰果，它就不会抓走小勇士了。大家一起向大网兜里投椰果吧。

观察要点

· 幼儿能否全身协调配合用力，通过摆臂、压腕将球投进移动的大网兜里。

· 幼儿能否根据大网兜的高度来调整抛球的高度。

幼儿可能出现的表现

· 没有很好地遵守游戏规则，会拉住大网兜投球。

· 能投进的球数量很少。

· 能全身协调配合有力地将球抛向大网兜。

支持性策略

· 强化游戏规则。

· 调整材料，换成开口更大的纸箱。

· 调整纸箱的高度，时而低时而高，让能力不同的幼儿均能获得成功的体验。

（郭丽声执教，林艳春编写，毛一冉指导）

四、接球游戏

游戏一　自抛自接乐

动作发展水平	水平一
年龄段	3～4 岁
核心动作	双手自抛自接物体
游戏总目标	·自主探索双手接物的方法。 ·学习用眼睛判断物体的来向，练习接的动作。 ·体验接物的乐趣。
观察要点	·幼儿能否自主尝试探索接物的方法。 ·幼儿能否判断物体的来向。

初始游戏　抱抱小飞盘

目　标

·自主尝试探索接物的方法，能用双手接物。

准　备

材料：软布飞盘、小抱枕等。

环境：宽敞平坦的场地。

玩　法

幼儿尝试手臂向前伸直接住抛起的软布飞盘或小抱枕，自由探索接物的方法。

指导语

小朋友们，你们能不能接住落下的小飞盘或小抱枕？小朋友选好小飞盘或小抱枕后，到空地上去试一试吧。

观察要点

·幼儿能否自主尝试探索接物的方法，能否用双手接物。

·幼儿是否主动选择玩具探索，能否坚持探索。

幼儿可能出现的表现

·幼儿迫不及待地挑选了自己最喜爱的物品玩了起来。

·幼儿原地不动而没有用双手去接物。

支持性策略

·示范正确的接物动作，引导幼儿注意眼睛看准物体，掌心向上、伸直双臂将物体接住。

·鼓励幼儿相互观察学习，比比谁接到物体的次数多。

推进一　比比谁接得准

目　标

·学习用眼睛判断物体的来向，练习接物的动作。

准　备

材料：软布飞盘、小抱枕等若干。

环境：宽敞平坦的场地。

玩　法

幼儿判断物体下落的方位，伸臂接住下落物。（参见图 L4-1、图 L4-2）

图 L4-1

图 L4-2

指导语

小朋友们，今天，我们来比比看谁接得准。

观察要点

·幼儿能否判断物体的来向，能否用双手接物。

· 幼儿是否主动选择玩具探索，是否乐意与同伴互动。

幼儿可能出现的表现

· 眼睛盯着飞盘或小抱枕，尝试根据其方向做接的动作。

· 观察同伴接飞盘和小抱枕的动作，尝试模仿。

支持性策略

· 提供不同大小、种类的球，让幼儿尝试自抛自接球。

（陈小华执教，郑耿华编写，王群英指导）

游戏二　看谁接得多

动作发展水平	水平二
年龄段	4～5 岁
核心动作	屈肘抱球
游戏总目标	· 能判断物体下落方向，伸直手臂、掌心向上接物并屈肘抱物，提高反应能力。 · 能大胆愉快地参与体育游戏。
观察要点	· 幼儿能否掌心向上、伸直手臂并屈肘接物。 · 幼儿能否接住抛到胸前和手臂上的物体。

初始游戏　看谁接得住

目　标

· 尝试掌心向上快速接住垂直掉落的物体，提高反应能力及手眼协调能力。

准　备

材料：羊角球（直径 30 cm）、轻布偶、抱枕若干。

环境：宽敞平坦的场地。

玩　法

幼儿两两合作，一个幼儿站在高处将物体垂直放下，另一个幼儿站在地

上，尝试双手掌心向上接住落下的物体。（参见图 L4-3、图 L4-4）

图 L4-3

图 L4-4

指导语

小朋友们，伸出小手试一试，怎样才能接住高处落下的物体？

观察要点

· 幼儿的不同接物方法。

· 幼儿手臂是否向前伸展。

· 幼儿手指、手臂张开的方向和双手的距离。

幼儿可能出现的表现

· 缺乏接物的意识，虽然能伸出双手并掌心向上，但物体从幼儿双手间穿过落到地面。

· 用单手去接下落的物体。

· 能双脚开立、掌心向上，做出双手接物的动作，等物体下落到双手的位置时快速接住。

支持性策略

· 鼓励幼儿分享动作经验，如双手自然张开、掌心向上，物体掉落时两手靠拢接住物体。

· 选择较小的物体来提高幼儿接物的能力。

注意事项

· 提醒幼儿在仰看物体时注意身体平衡，小心因后仰角度太大而摔倒。

推进一　看准了，接一接

目　标

· 能判断物体的下落方向，并张开双臂屈肘接物，发展手眼协调能力。

准　备

材料：气球（直径 20 cm）30 个。

环境：宽敞平坦的场地。

玩　法

幼儿自由结伴游戏。一人站在高处将吹满气的气球抛下，其他幼儿站在平地上，判断气球下落的位置，自然张开双臂并屈肘接住下落的气球。（参见图 L4-5、图 L4-6）

图 L4-5

图 L4-6

指导语

气球从高处缓缓地飘落下来了，小朋友们看准了，伸出双手接住它们吧。

观察要点

· 幼儿预备接气球时是否掌心向上、伸直手臂，能否屈肘接住气球。

· 幼儿能否根据气球的下落方向，调整动作方向。

· 幼儿双手的配合及手眼的协调性。

幼儿可能出现的表现

· 站在原地，双手掌心向上、伸直手臂，准备接气球。

· 在气球快要下落到手上时，跳起来用双手手掌直接接住气球。

· 手臂先向两侧伸展，然后往胸前画弧，借助胸部将气球抱住。

支持性策略

·请幼儿交流分享接气球的方法，引导其他幼儿观察、学习正确的接气球方式。

推进二　你抛我接

目　标

·能自然张开双臂屈肘接球，并根据球的来向有意识地移动身体接球，提高反应能力。

准　备

材料：5 号篮球若干。

环境：宽敞平坦的场地。

玩　法

·自主游戏：幼儿自选游戏伙伴，间隔一定距离面对面站立，一人将手中的篮球向上前方抛出，另一人伸臂屈肘将球接住，然后再将球抛回给同伴。如此循环游戏。（参见图 L4-7）

·“你抛我接”接力：幼儿五人一组，站成一列，两两之间保持一定距离。第一位幼儿将篮球抛给第二位幼儿，第二位幼儿伸臂屈肘接球，再向后转抛给下一位幼儿，直至最后一位幼儿接到球。最先完成的小组获胜。（参见图 L4-8）

图 L4-7

图 L4-8

指导语

请小朋友自己选择伙伴一起游戏，可以两人一组，面对面站立，一人抛球一人接球；或者五个小朋友一组，站成一队，球从第一个小朋友依次往后传，比比哪组的最后一个小朋友先接到球。

观察要点

·幼儿是否双臂向前伸出、手指自然分开、手心相对，等球抛到胸前时两臂迅速屈肘收回，将球抱住。

·幼儿能否根据来球的方向，身体相应地做小范围的移动。

幼儿可能出现的表现

·接不到同伴抛来的球，满场追球。

·能自然张开双臂，伸手用掌心接球，但没有屈肘的动作。

·能自然张开双臂并根据球的方向调整身体接球，等球到胸前时屈肘将球抱住。

支持性策略

·鼓励在游戏中表现较好、动作规范的幼儿在集体面前展示，引发同伴间的相互学习。

·家园配合，鼓励幼儿在家与家长一起玩抛接球游戏。

·开展相关竞赛游戏，锻炼幼儿的接球技能及团队协作能力。

（黄玉萍、王群英执教，黄玉萍、陈小华编写，汪梅英、毛一冉指导）

游戏三　自抛自接球

动作发展水平	水平二
年龄段	4～5岁
核心动作	双手自抛自接球
游戏总目标	·尝试手臂伸直、手心向上向前伸出并主动屈肘捞球，提高反应能力。 ·体验接球的乐趣。
观察要点	·幼儿接球时能否面朝来球方向。 ·球碰到手臂后，幼儿能否屈肘接球。 ·幼儿能否接住抛到胸前的球。

初始游戏　自抛自接球

目　标

·尝试手臂伸直、手心向上向前伸出，当球碰到手臂时能主动屈肘捞球，提高反应能力。

准　备

材料：4 号波波球若干。

环境：宽敞平坦的场地。

玩　法

幼儿人手一个波波球，在宽敞平坦的场地上进行自抛自接球游戏。（参见图 L4-9、图 L4-10）

图 L4-9

图 L4-10

指导语

小朋友们，你们会接住不同的软球，试一试，换成波波球你接得住吗？接球的时候要注意眼睛看球，手臂弯曲接球。

观察要点

· 幼儿接球时能否主动屈肘接球。

· 幼儿是否主动、坚持探索。

幼儿可能出现的表现

· 不会移动脚步主动接球，致使球掉落。

· 接球时不会主动屈肘捞球，没能接住球。

· 只敢轻轻地抛接，不敢高抛接球。

支持性策略

· 示范正确的自抛自接的方法，提醒幼儿眼睛要看着球的方向。

· 请自抛自接球成功率高的幼儿向同伴介绍方法。

· 鼓励幼儿尝试接住抛过头顶高度的球。

推进一　比比谁抛得高、接得准

目　标

- 尝试移动步伐接球，接球时能主动屈肘，提高反应能力。

准　备

材料：4 号波波球若干。

环境：宽敞平坦的场地。

玩　法

幼儿人手一个波波球，与同伴比比谁抛得高、接得准。（参见图 L4-11、图 L4-12）

图 L4-11

图 L4-12

指导语

你们试过接住自己抛的球，敢不敢试一试将球抛得高一些再接住球？要接住抛高的球，不但眼睛要看着球，脚步也要跟着球的方向移动哦。

观察要点

- 幼儿能否根据球的运动轨迹，尝试移动步伐接球，接球时能主动屈肘捞球。
- 幼儿是否主动探索、坚持不懈。

幼儿可能出现的表现

- 球抛出后，不会根据球的运动轨迹移动脚步接球，致使球掉落。
- 会根据球的运动轨迹移动脚步接球，当球碰到手臂后会屈肘接球。

支持性策略

- 请能接住抛得很高的球的幼儿分享经验。
- 鼓励幼儿回家和家长玩抛接球的游戏。

（王群英执教，陈小华编写，林梅军指导）

游戏四　接球小能手

动作发展水平	水平三
年龄段	5～6 岁
核心动作	互抛互接球
游戏总目标	· 尝试屈肘抱住抛到胸前和手臂上的球，接球后身体后移一小步缓冲，提高反应能力。
观察要点	· 幼儿能否根据球的来向，伸手主动屈肘接球或尝试移动步伐接球。

初始游戏　接球咯

目　标

· 尝试屈肘接住抛到胸前和手臂上的球，提高反应能力。

准　备

材料：4 号波波球若干。

环境：宽敞平坦的场地。

玩　法

教师和幼儿面对面间隔 2 m 站立，教师手持波波球抛向幼儿，幼儿尝试用掌心向上、伸直手臂的动作接住抛来的球。（参见图 L4-13、图 L4-14）

图 L4-13

图 L4-14

指导语

老师来和小朋友玩游戏了。请你们试一试，用接住小飞盘的方法接住老师抛过来的球。接住球后大声说："耶，我们成功了！"

观察要点

· 幼儿能否掌心向上、伸直手臂接住抛来的球。

· 幼儿是否主动探索成功接球的方法。

幼儿可能出现的表现

· 能掌心向上、伸直手臂接球，但不会移动脚步，没能接住球。

· 能移动脚步，但不会屈肘抱球，球碰到手臂会弹开而掉落，幼儿反应不够灵敏。

· 接住抛到胸前和手臂上的球时，会身体后移一小步。

支持性策略

· 鼓励近距离接球成功的幼儿尝试远距离互抛互接。

· 鼓励幼儿之间互抛互接球。

推进一　你抛我接

目　标

· 能与伙伴合作玩抛接球游戏，体验合作游戏的快乐。

准　备

材料：4 号波波球若干。

环境：宽敞平坦的场地。

玩　法

幼儿两两一组，每组一个波波球。幼儿面对面间隔 1 m 站立，其中一个幼儿先将球抛向同伴，然后屈肘接住同伴抛来的球。游戏反复进行。（参见图 L4-15、图 L4-16）

图 L4-15

图 L4-16

指导语

小朋友能接住老师抛来的球，现在你们找一个好朋友试一试，你尽量将球抛到好朋友面前，并想办法接住好朋友抛来的球。

观察要点

· 当球碰到手臂后，幼儿能否屈肘接住球。

· 幼儿是否主动探索。

幼儿可能出现的表现

· 无法根据球的运动轨迹判断下落位置，接不到球。

· 不会根据能力与游戏情况主动调整活动距离。

· 当球碰到手臂后会屈肘抱球。

· 判断球飞来的方向，手臂张开从身侧向前画弧，借助胸部将球抱住。

支持性策略

· 请互抛互接成功率高的小组分享经验。

（杨美丽执教，林丹丹编写，王群英指导）

游戏五　会反弹的球

动作发展水平	水平四
年龄段	5～6岁
核心动作	击地传接球
游戏总目标	· 尝试进行双人或多人击地传接球游戏，锻炼动作灵敏性、协调性与准确性，提高视觉运动能力。 · 体验与同伴合作玩击地传接球的乐趣，培养团队合作精神。
观察要点	· 幼儿能否根据球的方向灵活调整身体动作和朝向，快速反应并成功接球。

初始游戏　看谁接得住

目　标

· 尝试与同伴探索合作传接球的方法，提高上肢力量及身体的协调性。

准　备

材料：5 号篮球若干。

环境：宽敞平坦的场地。

玩　法

幼儿与同伴自由结对，两人一球，面对面站立，保持 3 m左右的距离。持球的幼儿尝试将球击地，传给对面的幼儿，对面幼儿接球后将球击地回传给对方。（参见图 L4-17、图 L4-18）

图 L4-17

图 L4-18

指导语

小朋友们，今天我们玩击地传球，请小朋友们找个小伙伴一起试一试，怎样才能够接到从地面反弹起来的球？

观察要点

· 幼儿能否主动伸手并快速移步接球。

· 幼儿在游戏过程中与同伴的合作情况，如在遇到问题时能否及时商量并解决问题。

幼儿可能出现的表现

· 害怕飞来的球，把头转到侧面，本能地用手挡球。

· 反应延迟，球经常弹开或穿过双臂空隙掉落，或者球在地面上弹跳几下后才将球抱住。

· 能够快速而准确地将球抱住。

支持性策略

· 鼓励传接球成功的幼儿示范，引导其他幼儿观察接球的方法和动作要领。

· 支持幼儿在游戏中自主生成的创造性玩法，如两人一组，人手一球，同时进行击地传球，以此增加游戏的趣味性和挑战性。

推进一　玩转双球

目　标

·探索双人双球击地传接球，提高上肢力量、手眼协调能力和反应能力。

准　备

材料：5 号篮球人手一个。

环境：宽敞平坦的场地。

玩　法

幼儿两人一组，人手一球，面对面站立，保持 3 m 左右的距离。游戏开始后，幼儿同时将手里的球通过击地传球的方式传给对面的幼儿，接到球的幼儿再将球回传给对方。（参见图 L4-19、图 L4-20）

图 L4-19

图 L4-20

指导语

小朋友们已经会用击地传球的方式传球，今天我们来挑战双球击地传球。一人一个球，通过击地传球的方式传给同伴，试一试怎样才能接到同伴传来的球。

观察要点

·幼儿传球后能否快速做好接球准备：接球时能否准确判断球来的方向；能否自然张开手指接球，屈肘抱球；能否快速移动脚步，等等。

·幼儿与同伴的配合情况：站位距离、发球时间与频率、发球力度等。

幼儿可能出现的表现

·与同伴发球时间、频率和力度不一致，球在中途互相撞击，接球动作反应延迟或者对球的方向判断不准确，导致未能接住球。

·与同伴能够默契配合：互相提醒同步发球；发球的力度适中，让同伴能够接到球；球击地的位置能够一个在左、一个在右，不会互相碰撞。

支持性策略

• 与幼儿一同梳理双人双球击地传球的合作方法。

• 当幼儿对游戏熟悉之后，可组织幼儿进行多人多球击地传球的比赛，提高幼儿的反应能力和快速接球的能力。

推进二　球球大作战

目　标

• 探索多人多球击地传球的方法。

• 尝试接住不同方向的球，锻炼动作灵敏性、协调性和提高视觉运动能力。

准　备

材料：5 号篮球若干。

环境：宽敞平坦的场地。

玩　法

幼儿六人一组，每组多个篮球（篮球的个数根据游戏情况逐步增加）。幼儿围成一个圆圈面对面站好，每个幼儿与左右两边的同伴保持一定的距离。游戏开始后，持球的幼儿将球传给其他幼儿，幼儿接球后继续传给其他人。（参见图 L4-21、图 L4-22）

图 L4-21

图 L4-22

指导语

小朋友们，今天玩多人围一个圆圈传接球游戏。现在你们围成一圈面对面站好，发球时想好自己要传给哪个小朋友，想好后喊出他的名字再将球传给他。接到球的小朋友在传球之前同样要喊出同伴的名字再传给他。这么多人参与游戏，我们不确定什么时候需要接球，也不确定球从哪个方向来，大家可要多想办法争取接到球哦。

观察要点

·幼儿与同伴的配合情况，如传球时的语言提醒、接球幼儿是否认真听他人的提醒、接球后对传球对象的选择等。

·幼儿能否正确判断来球的方向，面对不同方向来的球时能否相应调整身体位置。

幼儿可能出现的表现

·传球对象选择随意，导致个别幼儿会同时接到不同方向传来的两个球，无法同时接住。

·没有认真观察来球的方向，未能及时接到球。

·能够快速判断来球的方向并迅速移动身体和调整姿势，能够接住不同方向来的球。

支持性策略

·与幼儿一同针对游戏中遇到的问题进行讨论，进而完善游戏规则，如不能同时将球发给同一个小朋友。

·提供不同的材料，鼓励幼儿自主创设游戏情境，增加游戏的趣味性和挑战性。

（江少娜执教、编写，苏婷婷指导）

游戏六　趣味双龙戏珠

动作发展水平	水平四
年龄段	5～6 岁
核心动作	双人或多人合作接球
游戏总目标	·尝试自主协商、讨论多样的合作接球方法。 ·愿意挑战有一定难度的游戏，体验游戏的乐趣。
观察要点	·幼儿能否自然张开手指双手接球，接球瞬间是否出现屈肘抱球动作。 ·幼儿能否根据来球的方向灵活调整身体动作和朝向，并快速反应，准确接球。

初始游戏　双龙戏珠

目　标

·尝试玩双人面对面抛接球游戏，探索有效的接球方法，提高手眼协调能力及动作灵敏性。

准　备

材料：瑜伽球、3 号篮球，总数保证人手一个。

环境：宽敞平坦的场地。

玩　法

幼儿两人一组，选择一种喜欢的球，相距 1.5 m～2 m 面对面站立，进行互抛互接球游戏。

指导语

我们来玩抛接球的游戏，小朋友们试一试，怎样接球才能接得准？

观察要点

·幼儿是否屈膝、双脚前后站立。

·幼儿是否有预备接球的动作：手臂向来球方向伸出，手心朝内，手指自然张开。

·幼儿在接球瞬间是否有屈肘抱球动作出现。

·幼儿是否会在一定范围内移动身体和调整姿势接球。

幼儿可能出现的表现

·接球时大多能屈膝、双脚前后站立。

·大部分幼儿能做好预备接球动作。

·当球碰到手臂后会屈肘抱球，能够接住抛到胸前和手臂上的球。

·接球成功率较低，移动身体和调整姿势接球的能力待提升。

支持性策略

·支持幼儿继续探索多样抛接球玩法的兴趣。

·鼓励能够顺利接球的幼儿进行展示，引导幼儿观察、讨论接球方法，提升移动身体和调整姿势接球的能力，提高接球成功率。

推进一　回首戏球

目　标

·能判断来球的方向，并在一定范围内移动身体和调整姿势接球，逐步提升反应能力和动作灵敏性。

准　备

材料：瑜伽球、3 号篮球，总数保证人手 1～2 个。

环境：宽敞平坦的场地。

玩　法

幼儿两人一组，选择一种喜欢的球，两人相距 1.5 m～2 m，面朝同一方向前后站立，前面的幼儿持球向后抛，后面的幼儿接球。（参见图 L4-23）

图 L4-23

指导语

小朋友们，现在你们两人一组，面朝同一方向前后站立并保持一定距离，前面的小朋友把球向后抛；站在后面的小朋友，试一试如何才能尽量接住每一个球！

观察要点

·幼儿是否会在一定范围内移动身体和调整姿势接球。

·幼儿能否主动迎球、接球。

·幼儿接球时是否后撤一小步缓冲。

幼儿可能出现的表现

·抛球幼儿朝后抛球时球的方向偏差很大，增加了接球的难度。

·接球的幼儿不停地来回跑动，但速度及方向判断不准，接球成功率低。

·能正确判断球的运行轨迹，迅速准确地在一定范围内移动身体和调整姿势，接球成功率较上一阶段有较大提升。

·大部分幼儿接球时会后撤一小步缓冲，但身体不够协调。个别幼儿未出现后撤一小步缓冲的现象。

支持性策略

·借助游戏，如开展“螃蟹走”“大步走”“跨步走”等游戏，融入前、后、左、右方向的跨步或滑步的动作，提升幼儿快速移动身体的能力。

·在户外自主活动和集中活动中，增加类似游戏的机会，逐步提升幼儿接球成功率。

·支持幼儿继续探索创新抛接球游戏的兴趣，如三人单球抛接球。（参见图 L4-24）

图 L4-24

推进二　双龙戏双珠

目　标

·尝试与同伴进行双人双球的抛接球游戏，提升判断能力及接球的快速反应能力。

准　备

材料：瑜伽球、3 号篮球，总数保证人均 1～2 个。

环境：宽敞平坦的场地。

玩　法

幼儿两人一组，各自选择一个自己喜欢的球，相距 1 m～2 m 面对面站立，进行双人双球抛接游戏。（参见图 L4-25、图 L4-26）

图 L4-25

图 L4-26

指导语

有的小朋友想挑战更难的玩法，就是双人双球抛接。自己找个伙伴自由组队开始玩吧！

观察要点

·幼儿与同伴的配合方式。

·幼儿能否抛出球之后迅速关注来球，做出正确判断及动作反应，接住对方抛来的球。

幼儿可能出现的表现

· 抛球前能够提醒同伴做好接球准备。

· 能在抛球后迅速转换成接球动作：手伸向来球方向，在一定范围内快速地移动身体，成功接球。

· 虽然接球方向判断正确，但由于移动较慢或身体伸展不够，导致未能成功接球。

·由于发球时间不一致、抛球方向偏移太多、球在空中相撞弹开等，导致无法接到球。

支持性策略

·通过同伴示范、互助等方式，启发幼儿思考提高双球抛接成功率的方法，如注意接球时的角度、时间等。

·利用集中活动和户外自主游戏，组织相关游戏，提升幼儿配合的默契以及接球的能力。

· 借助游戏，如开展“螃蟹走”“大步走”“跨步走”等游戏，融入前、后、左、右各方向的跨步或滑步的动作，提升幼儿快速移动身体的能力。

（叶安妮执教、编写，苏婷婷指导）

足球篇

幼儿足球游戏及基本动作概述

足球运动是一项全身性、综合性的集体运动项目，具有“世界第一运动”之美称。参加足球运动能全面发展体能，特别是心肺功能、肌肉力量、耐力和速度；能促进心理健康，培养活泼开朗、善于交往、坚强勇敢等品质；能促进感知觉、观察力、记忆力、想象力和创造力的发展。足球运动是用脚操控球的运动，能发展幼儿的视—动协调和视—动整合能力，提升幼儿对基本动作技能的掌握。

一、幼儿足球基本动作发展特点

踢是用脚来击打的一种动作形式，是足球运动的基础技术。幼儿掌握踢的动作技能后，可以将之迁移到其他较为复杂的技能如传球和运球上。踢球的动作发展一般经历四个阶段：第一个阶段“原地用脚推球”，大约出现在出生后第 20 个月（1 周岁 8 个月）；第二个阶段“上步摆动踢球”，男孩大约出现在第 40 个月（3 周岁 4 个月），女孩大约出现在第 46 个月（3 周岁 10 个月）；第三个阶段“移动后摆踢球”，男孩大约出现在第 54 个月（4 周岁 6 个月），女孩大约出现在第 74 个月（6 周岁 2 个月）；第四个阶段“跨步后摆缓冲踢球”，男孩大约出现在第 87 个月（7 周岁 3 个月），女孩大约出现在第 99 个月（8 周岁 3 个月）。幼儿阶段的踢球动作发展水平基本处于第一个阶段至第三个阶段，女孩踢球动作的发展迟于男孩。

表 5　幼儿足球动作发展水平及特点

动作发展水平	水平一	水平二	水平三
年龄段	男孩： 大约 1 周岁 8 个月—3 周岁 4 个月 女孩： 大约 1 周岁 8 个月—3 周岁 10 个月	男孩： 大约 3 周岁 4 个月—4 周岁 6 个月 女孩： 大约 3 周岁 10 个月—6 周岁 2 个月	男孩： 大约 4 周岁 6 个月—7 周岁 3 个月 女孩： 大约 6 周岁 2 个月—8 周岁 3 个月

续表

动作发展水平	水平一	水平二	水平三
特点	· 支撑腿原地站立，触球腿在身体前方用脚“推”球，并出现左右、前后摆动的运动幅度，触球时手臂中位、高位保护。 · 在此阶段，幼儿可以进行踩球、停球、夹球、踢静止的球等动作。	· 支撑腿上步或原地站立，触球腿可以进行较自由从后向前摆动或者左右来回摆动等动作，同时手臂和身体出现反向摆动的动作；触球后的缓冲动作不明显，或者难以和下一个动作较好衔接。 · 在此阶段，幼儿可以进行停球、揉球、踢球、运球等动作。	· 出现上步或者多步助跑，触球腿摆动到躯干后部，发力踢球，踢球后可以做到较好的缓冲等后续动作，可以比较自由地衔接下一个动作形式。 · 在此阶段，幼儿可以进行较熟练协调的踢球、推拨球、停球、运球等动作。

二、幼儿园开展幼儿足球活动的关注点

（一）明确目标，以幼儿的学习与发展为目的

幼儿园开展的足球活动不是专项的体育竞技运动，而是利用足球作为运动材料，以足球游戏为载体，让幼儿在多元的环境中以自己的意愿、运动方式创造性地玩足球，在玩的过程中发展基本动作技能，如走、跑等位移性动作技能，用脚踢球、运球、揉球、拨球、踩球等操控性动作技能，停步、躲闪、转体等控制性动作技能。幼儿园开展足球活动，在促进幼儿基本动作技能发展的同时，能够增强幼儿体能、提高幼儿身体素质。

（二）尊重规律，以幼儿为主体

幼儿园开展足球活动，应遵循幼儿动作发展规律，选择贴近幼儿最近发展区的内容，尊重幼儿的学习方式，以游戏为基本活动，让幼儿通过直接感

知、实践操作，亲身体验足球运动的乐趣，享受足球运动的快乐。幼儿园应创设丰富的环境，提供适宜的材料，灵活运用集体活动、小组活动和个人活动等形式，保证幼儿有足够的运动时间，保护幼儿的好奇心和学习兴趣，尊重个体差异，让幼儿自发自主地玩足球，避免机械的动作训练，更不能进行专业化训练、足球专项运动、正式足球比赛、幼儿足球考级或足球操等形式化表演。

三、幼儿足球基本动作要领及锻炼价值

足球基本动作有熟悉球性的动作和停球、踢球、运球、接球等等。

（一）熟悉球性的动作

主要有揉球、踩球、脚内侧拨球、脚背正面颠球、大腿颠球拉球、扣球及各种球性组合动作。

1. 揉球：两脚自然开立，支撑腿一侧膝关节微屈，保持身体平衡，触球腿提膝，以前脚掌部位触压在球的上部，进行不同方向的揉球动作；左右脚交替进行。

2. 踩球：两脚自然开立，身体微前倾，与球保持适当的距离，双眼注视足球，用左右脚掌部位依次交替点触球的正上方；触球动作轻稳，重心放于支撑腿上。

3. 脚内侧拨球：两脚自然开立，身体微前倾，保持重心稳定，球在两脚之间；练习时拨球脚微抬，用脚内侧部位向支撑脚方向拨球，随后支撑脚变拨球脚，重复上述动作；左右脚连续交替进行。

锻炼价值：熟悉球性，建立球感，为掌握足球基本技术奠定基础。

（二）停球

1. 脚底停球：触球腿脚踝放松，在触球瞬间稍微将腿回缩；保持支撑腿弯曲，以便更好地保持身体平衡。

2. 脚背停球：触球腿抬高，保持脚踝放松，脚背正面对准来球；当脚与球接触时开始下撤，缓冲来球力量。

锻炼价值：发展控制能力、协调性、下肢力量及视—动协调和视—动整

合能力。

（三）踢球

踢球是有目的地用脚的某一部位把球踢（击）到预定的目标。踢球是足球运动的特征，也是最基本的技术动作，主要用于传球和射门。

踢球一般由助跑、支撑脚站位、踢球腿摆动、脚触球和踢球后的随前动作五个环节组成。

1. 脚内侧踢球（脚弓踢球）：直线助跑，支撑脚踏在球体的侧方10 cm～15 cm处，膝关节微屈；在支撑脚着地的同时，踢球腿以髋关节为轴由后向前摆动，在前摆的过程中屈膝外展，踢球脚的内侧正对出球方向，脚尖稍翘起，脚底与地面平行，小腿加速前摆，踝关节内侧部位踢球的中后部。

2. 脚背内侧踢球：斜线助跑，助跑方向与出球方向构成45°角，支撑脚踏在球体侧后方20 cm～25 cm处，屈膝，脚尖指向出球方向，身体稍向支撑脚一侧倾斜，支撑脚一侧的肩部侧对出球方向；支撑脚着地的同时，踢球腿以髋关节为轴，大腿带动小腿由后向前摆动，当膝关节摆至接近球的内侧正上方时，小腿加速前摆，脚尖稍外展，脚趾扣紧，以脚背内侧击球的中后部，踢球后随球前摆。

3. 脚背正面踢球：直线助跑，支撑脚的最后一步稍大并积极着地，踏在球体的侧后方10 cm～12 cm处，脚尖正对出球方向，膝关节微屈；踢球腿在支撑脚着地的同时，以髋关节为轴，大腿带动小腿由后向前摆动，在膝关节摆至球垂直上方的瞬间，小腿做爆发式前摆，脚背绷直，脚趾扣紧，以脚背的正面击球的中后部。

锻炼价值：发展下肢力量及身体的控制力、稳定性。

（四）运球

运球是球员在跑动过程中用脚连续推拨球，使球处于自己控制的范围内的触球动作。

1. 脚背正面运球：跑动时，身体自然放松，上体稍前倾，两臂自然摆动，步幅不宜过大；运球脚提起时，膝关节弯曲，脚跟提起，脚尖下指，在迈步前伸着地前，用脚背正面推拨球前进。

2. 脚背外侧运球：跑动时，身体自然放松，上体稍前倾，两臂自然摆动，步幅要小些。运球脚提起时，膝关节弯曲，脚跟提起，脚尖稍内转，在迈步前伸着地前，用脚背外侧推拨球。

3. 脚背内侧运球：跑动时，身体自然放松，步幅要小些，上体前倾并稍向运动方向转动。运球脚提起时，膝关节稍弯曲，脚跟提起，脚尖稍外转，在迈步前伸着地前，用脚背内侧推拨球。

4. 脚内侧运球：运球时，支撑脚向前跨出一步，踏在球的侧前方，膝关节微屈，重心落在支撑脚上，上体向运球方向前倾，用运球脚内侧推拨球的中后部。

锻炼价值：发展下肢力量及身体的控制力、稳定性。

（五）接球

接球是球员有目的地利用身体的合适部位，把运行中的球接停在所需要的位置，以便完成传球、运球、过人、射门等动作。

1. 脚内侧接球：支撑脚正对来球，膝关节微屈，停球腿屈膝外展并迎球，脚尖稍翘起，脚与球接触前的瞬间后撤，并用脚内侧接触球，把球控制在衔接下一个动作所需要的位置上。

2. 脚底接球：支撑脚站在球的侧后方，膝关节微屈，脚尖正对来球，同时停球脚提起，膝关节自然弯曲，脚尖翘起高过脚跟，踝关节放松，用前脚掌触球的中上部，还可以根据下一个动作需要用脚掌推球或拉球。

锻炼价值：发展下肢力量及身体的控制力、稳定性。

幼儿足球游戏实例

嗨，足球！（集中教学活动）

设计意图

本活动是为小班幼儿第一次接触足球而设计。活动的重点是让幼儿体验玩足球的乐趣，产生积极的情感。活动有三个游戏：第一个游戏“足球滚起来”，让幼儿体验用脚玩足球的方法。第二个游戏“足球回家”，让幼儿重点了解足球的球门，并尝试用脚把足球带进球门。第三个游戏“与老师互传足球”，让幼儿在与教师互传球中感知足球是可以和他人一起玩的。

本活动的运动量较大，每次游戏后教师要提醒幼儿调整呼吸，并巧妙将小班幼儿能掌握的搓球、踩球、揉球等熟悉球性的动作自然融入游戏中，既让幼儿感知足球的球性，又能调整幼儿的运动量。

活动目标

·积极参与游戏，体验足球游戏的乐趣。

·尝试用脚让足球滚动，感知球性，提高动作灵敏性及身体的控制能力。

活动准备

·材料：足球若干，小球门 4 个，音乐《跑跑世界杯》《摇篮曲》。

·环境：宽敞平坦的场地。

活动过程

（一）开始部分

1. 创设“小飞侠”的游戏情境，带领幼儿绕场跑。

·引导语：可爱的小飞侠们，我们准备起飞咯！出发，转弯，停。

2. 带领幼儿做点头、摇头、侧身摸脚、蹲起、单脚站立、小跑步等热身动作。

·观察与指导要点：指导幼儿活动身体各关节，引导幼儿尽量把动作做到位。

（二）基本部分

1. 游戏一：足球滚起来

（1）老师滚足球

• 引导语：这是什么？（足球）跟足球宝宝打声招呼吧，嗨，你好！足球宝宝喜欢和我们的脚玩游戏，我要让足球宝宝滚起来。你们要躲开哦！

（2）幼儿滚足球

• 引导语：你们也去找一个足球宝宝，用脚让它滚起来。

• 播放《跑跑世界杯》的音乐，幼儿踢足球。

• 引导语：（音乐停）足球宝宝玩累了，我们给它按摩按摩。前后搓一搓，转圈揉一揉。好舒服呀，它又想滚起来咯！出发吧！

• 播放《跑跑世界杯》的音乐，幼儿踢足球。

• 引导语：（音乐停）用脚踩住足球宝宝让它停下来。玩了这么久，我们给足球宝宝打打气吧！嘁嘁嘁……用点力，嘁嘁嘁……好了，足球宝宝打完气，它们又要滚起来咯。走咯！

• 观察与指导要点：观察幼儿能否用脚让球滚动起来；观察幼儿在跑动中停下时的身体控制能力；观察幼儿搓球、揉球和踩球时单脚站立能否保持身体平衡；鼓励能力弱的幼儿积极尝试。

2. 游戏二：足球回家

（1）播放《摇篮曲》，介绍球门

• 引导语：听，睡觉的音乐响起来了，足球宝宝想回家休息了。你们瞧，这是什么？对，这是球门，球门就是足球宝宝的家。你们数数看，一共有几个家？

（2）播放音乐，引导幼儿用脚踢球进球门

• 引导语：听到《跑跑世界杯》的音乐就用脚让足球滚起来，听到《摇篮曲》就用脚把足球宝宝轻轻送回家吧！

• 观察与指导要点：观察幼儿能否听音乐玩游戏、遵守游戏规则；提醒幼儿相互之间保持距离，在跑动时注意避免碰撞；观察幼儿用脚运球的情况，提醒个别用手送球的幼儿尝试用脚踢球。

3. 游戏三：与老师互传足球

• 引导语：足球这么好玩，老师也想和你们一起玩！你们把足球踢给我，我再把足球踢给你们。开始吧！

·观察与指导要点：观察幼儿踢球的方向，提醒幼儿往教师方向踢。

（三）结束部分

1. 放松活动

引导语：足球宝宝玩累了，我们给它按摩按摩，前后搓一搓，转圈揉一揉。我们也给自己按摩按摩。

2. 活动小结

引导语：小朋友们，今天我们和足球宝宝玩了这么多游戏，是怎么玩的？对了，我们用脚让足球宝宝滚起来了，用脚送它回家，还和老师一起玩了传球游戏。下次老师再带你们玩更多好玩的足球游戏。现在，我们用脚把足球宝宝送回家。

（邓榕执教，刘尧芳编写，吴海云指导）

游戏一　快乐停球

动作发展水平	水平一
年龄段	3～4 岁（小班上学期）
核心动作	停球
游戏总目标	·尝试用身体各部位停球，提高动作的灵敏性。 ·感受足球游戏的快乐。
观察要点	·幼儿用身体的哪些部位停球。

初始游戏　自由停球

目　标

·尝试用身体的各个部位停球，提高动作的灵敏性。

准　备

材料：4 号足球若干，游戏音乐。

环境：足球散放在宽敞平坦的场地上。

玩　法

当音乐响起，幼儿用脚触碰球，让球滚动；音乐停止，幼儿自由选择用身体的任何部位停球。游戏反复进行。（参见图 Z1-1、图 Z1-2）

图 Z1-1

图 Z1-2

指导语

小朋友们，今天玩“快乐停球”的游戏。音乐响起后，我们用脚踢球，球滚走了要去追球，追到后继续踢球；当音乐停止时，想办法让球停住。小朋友们可以试试用身体的不同部位来停球，开始游戏吧！

观察要点

- 幼儿喜欢用身体的哪个部位停球。
- 幼儿用身体的哪个部位停球最快。

幼儿可能出现的表现

- 用手停球的现象最多。
- 用手停球速度最快。

支持性策略

- 鼓励幼儿尝试用身体的其他部位停球。

推进一　听指令停球

目　标

- 尝试听口令用身体的各个部位停球，提高动作的灵敏性。

准　备

材料：4 号足球若干，游戏音乐。

环境：足球散放在宽敞平坦的场地上。

玩　法

音乐响起，幼儿用脚踢球；音乐停止，教师发出指令，如“手停球”，幼儿立即用手停球，教师说用膝盖或头或屁股等部位停球，幼儿做相应的停球

动作。游戏反复进行。（参见图 Z1-3、图 Z1-4、图 Z1-5）

图 Z1-3

图 Z1-4

图 Z1-5

指导语

小朋友们，今天我们继续玩“快乐停球”的游戏。老师说用手停球，你们马上就用小手把球停住。老师还会说用膝盖或头或脚或屁股，还有身体的其他部位停球，你们试试能不能用自己的这些地方把球停住。

观察要点

- 幼儿用身体的哪个部位停球最快。
- 幼儿单脚站立能否保持平衡。

幼儿可能出现的表现

- 用手停球速度最快。
- 单脚站立时重心不稳，会前后左右摇摆。

支持性策略

- 对能用单脚站立停球的幼儿给予肯定和鼓励。

（范燕虹执教，黄海珍编写，张丽珠指导）

游戏二　快乐踩球

动作发展水平	水平一
年龄段	3～4 岁（小班上学期）
核心动作	踩球
游戏总目标	· 熟悉球性，尝试踩静止的球，提高平衡能力。
观察要点	· 幼儿踩球后能否站稳。

初始游戏　快速踩球

目　标

· 尝试踩静止的球，提高平衡能力。

准　备

材料：波波球若干，游戏音乐。

环境：宽敞平坦的场地，场地中间散放着波波球。

玩　法

音乐响起，幼儿绕球的外围顺时针或逆时针跑动。音乐一停，幼儿快速找到一个球并踩住。游戏反复进行。（参见图 Z1-6、图 Z1-7）

图 Z1-6

图 Z1-7

指导语

小朋友们，看，场地中间有许多波波球，一会儿音乐响起来，我们就在外围跑动；音乐停止了，每人找到一个球宝宝并把它踩在脚下。游戏开始吧。

观察要点

· 幼儿能否用脚踩球。

· 幼儿踩球后能否站稳。

幼儿可能出现的表现

· 经常出现用手抱球的现象。

· 踩球后站不稳，需多次尝试。

支持性策略

· 提醒幼儿用脚踩球，及时鼓励踩球后能站稳的幼儿。

推进一　听指令踩球

目　标

· 熟悉球性，尝试听指令踩球，提高平衡能力。

准　备

材料：4 号足球、波波球、篮球等若干，游戏音乐。

环境：宽敞平坦的场地，场地中间散放着各种球。

玩　法

音乐响起，幼儿绕球的外围顺时针或逆时针跑动。当音乐停止，教师发出指令如“足球”，幼儿找足球并踩住；当教师说“波波球”，幼儿找波波球并踩住。游戏反复进行。（参见图 Z1-8、图 Z1-9）

图 Z1-8

图 Z1-9

指导语

小朋友们，今天我们继续玩“快乐踩球”的游戏，和上次不同的是今天有各种各样的球。音乐停止后，你听到哪个球的名字，就去踩那个球，比比谁踩得又快又准确。现在开始！

观察要点

· 幼儿能否听指令踩准球。

· 幼儿踩球后能否站稳。

幼儿可能出现的表现

· 听指令反应的速度不一。

· 踩球后站不稳。

支持性策略

· 和幼儿一起分享并梳理踩球后能站稳的方法。

（叶青楠执教，刘尧芳编写，吴海云指导）

游戏三　红绿灯

动作发展水平	水平一
年龄段	3～4 岁（小班上学期）
核心动作	踩球
游戏总目标	• 尝试听信号带球行进和停止踩球，提高平衡能力、协调能力和灵敏性。 • 遵守游戏规则，感受踩球的乐趣。
观察要点	• 幼儿单脚站立的平衡能力。

初始游戏　我会停车

目　标

• 尝试听信号带球、停球，提高平衡能力。

准　备

材料：4 号足球人手一个。

环境：宽敞平坦的场地。

玩　法

幼儿人手一个足球分散地站在场地上。当教师发“绿灯”信号，幼儿用脚触碰球让球滚起来，跟着球走跑；当教师发“红灯”信号，幼儿用脚踩球停住。游戏反复进行。（参见图 Z1-10、图 Z1-11）

图 Z1-10

图 Z1-11

指导语

小朋友们，今天我们玩“红绿灯”的游戏。足球宝宝是小汽车，请你们当小司机，用脚让小汽车开动或停车。汽车遇到红灯怎么办？（红灯要停车）遇到绿灯呢？（绿灯可以开车）好的，游戏开始啦！

观察要点

· 幼儿能否用脚停球并踩球。

· 幼儿踩球后能否站稳。

· 幼儿能否听指令参与游戏。

幼儿可能出现的表现

· 需多次踩球才能成功。

· 踩球后站不稳。

支持性策略

· 及时鼓励踩球后能站稳的幼儿。

推进一　我能摆造型

目　标

· 尝试听信号踩球摆造型，提高平衡能力，增强腿部力量。

准　备

材料：4 号足球人手一个。

环境：宽敞平坦的场地。

玩　法

幼儿人手一个足球分散在场地上。当教师发“绿灯”信号，幼儿用脚触碰球让球滚起来，跟着球走跑；当教师发“红灯”信号，幼儿用脚踩球停住，停球时尽量保持身体平衡，自由变化做造型。游戏反复进行。（参见图Z1-12、图 Z1-13）

图 Z1-12

图 Z1-13

指导语

小朋友们，我们今天继续玩“红绿灯”的游戏。今天的小司机停车时可以摆拍几个造型，想摆怎样的造型都可以，老师给你拍酷酷的照片，要站稳哦！开始吧！

观察要点

- 幼儿能否听信号踩球摆造型。
- 幼儿摆造型时能否保持身体的平衡。

幼儿可能出现的表现

- 踩球时重心不稳，身体倾斜。
- 可以保持身体的平衡，自由变换造型摆拍。

支持性策略

- 和幼儿一起梳理稳稳地踩球并摆造型的方法。
- 根据幼儿能力水平，适当加快游戏速度。

（范燕虹执教，叶琪慧编写，张丽珠指导）

游戏四　小球跳起来

动作发展水平	水平一
年龄段	3～4 岁（小班上学期）
核心动作	颠球
游戏总目标	• 尝试用脚颠网兜里的球，让足球跳动起来，提高腿部肌肉力量和动作的灵活性。 • 积极探索颠起球的办法，感受颠球的乐趣。
观察要点	• 幼儿能否用脚颠到球。

初始游戏　固定跳起来

目　标

- 尝试用脚颠固定的球，提高身体的反应能力及动作准确性。

准　备

材料：装在网兜里的 4 号足球若干。

环境：球兜在网兜里，球离地面 20 cm～30 cm，高高低低挂在单杠上。

玩　法

幼儿用脚踢悬挂在单杠上的足球。（参见图 Z1-14、图 Z1-15）

图 Z1-14

图 Z1-15

指导语

小朋友们，单杠上吊着许多的足球宝宝，谁能用脚让足球宝宝跳起来？大家一起去试试。好的，开始动起来吧！

观察要点

· 幼儿能否用脚颠到球。

· 幼儿能否尝试两只脚轮换颠球。

幼儿可能出现的表现

· 常常出现踢空的现象。

· 用优势脚颠球的居多。

支持性策略

· 鼓励幼儿体验左右脚轮换颠球。

推进一　移动跳起来

目　标

· 尝试用脚颠移动的球，提高身体的反应能力及动作准确性。

准　备

材料：装在网兜里的 4 号足球人手一个。

环境：宽敞平坦的场地。

玩　法

幼儿人手一个用网兜兜住的足球，单手或双手提着球，用脚踢球，让球跳动起来。游戏反复进行。（参见图 Z1-16、图 Z1-17）

图 Z1-16

图 Z1-17

指导语

小朋友们，今天的足球有点调皮，要你们提着它，再用脚踢它。大家试试能不能让球跳起来，开始吧！

观察要点

· 幼儿在移动中能否颠到球。

· 幼儿能否用两只脚轮换颠球。

幼儿可能出现的表现

· 常常出现踢空的现象。

· 用优势脚颠球的居多。

支持性策略

· 及时表扬能颠到球的幼儿，鼓励幼儿尝试两只脚轮流颠球。

· 引导能力弱的幼儿踢静止的球。

（黄海珍执教，刘尧芳编写，吴茜指导）

游戏五　过草地

动作发展水平	水平一
年龄段	3～4 岁（小班上学期）
核心动作	夹球爬

续表

游戏总目标	· 尝试用身体的不同部位夹球爬，提高身体的协调性。 · 体验夹球爬的乐趣。
观察要点	· 幼儿用身体的哪个部位夹球。

初始游戏　过草地本领大

目　标

· 尝试用身体的不同部位夹球爬，提高身体的协调性。

准　备

材料：4 号足球人手一个，地垫若干。

环境：若干地垫平铺成一块长条形的“草地”。

玩　法

幼儿用身体的不同部位夹住球，排队依次从“草地”上爬过去。（参见图 Z1-18、图 Z1-19）

图 Z1-18

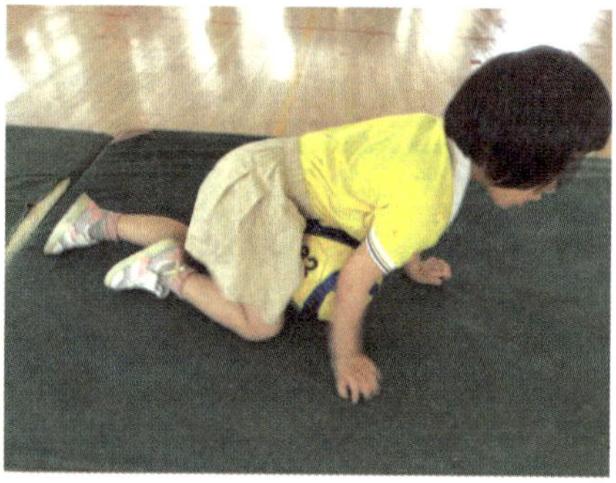

图 Z1-19

指导语

小朋友们，今天足球宝宝要和我们一起玩爬着过草地的游戏。你可以用脚夹着足球宝宝，还可以用身体的其他部位夹，怎样夹呢？自己试一试，夹好了就可以带着足球宝宝爬了。

观察要点

· 幼儿用身体的哪些部位夹球爬。

· 幼儿用身体的哪个部位夹球爬时球不会滚落。

幼儿可能出现的表现

· 用手臂、大腿、小腿、下巴等部位夹球。

· 用不同部位夹球行进的速度不一。

· 将球放在肚子下，用并手并膝爬的方式带动球前进。

支持性策略

· 鼓励幼儿用双脚夹球过“草地”。

推进一　小蚂蚁过草地

目　标

· 尝试用双脚夹球爬，提高下肢力量。

准　备

材料：4 号足球人手一个，地垫若干。

环境：若干地垫平铺成一块长条形的“草地”。

玩　法

幼儿双脚夹住球过“草地”。（参见图 Z1-20、图 Z1-21）

图 Z1-20

图 Z1-21

指导语

小朋友们，今天我们来玩“小蚂蚁过草地”的游戏。大家用脚夹着足球宝宝，把足球宝宝运过草地，不能用手哦。我们来试试吧！

观察要点

· 幼儿用脚的哪个部位夹球。

·幼儿双脚夹球前进的方式。

幼儿可能出现的表现

·用小腿、脚踝、膝盖、大腿夹着球过“草地”。

·有的幼儿双脚夹球手膝着地爬，有的幼儿双脚夹球双手撑地倒坐着过“草地”。

支持性策略

·和幼儿一起梳理双脚夹球行进的方法。

（范燕虹执教，叶琪慧编写，张丽珠指导）

游戏六　足球宝宝去旅行

动作发展水平	水平一
年龄段	3～4 岁（小班上学期）
核心动作	用脚触碰球
游戏总目标	·自由奔跑带球、停球，增强下肢力量，提高身体的协调性。 ·在跑动中感受球的滚动，体验游戏的乐趣。
观察要点	·幼儿用脚的哪个部位触碰球，双脚是否有力度。

初始游戏　球儿滚起来

目　标

·尝试用脚自由触碰球，跟着球滚动的方向跑，提高平衡能力。

准　备

材料：4 号足球人手一个。

环境：宽敞平坦的场地。

玩　法

幼儿人手一个足球，四散在场地上，自由用脚触碰球。球往哪个方向滚，幼儿就朝哪个方向追。（参见图 Z1-22、图 Z1-23）

图 Z1-22

图 Z1-23

指导语

小朋友们，让我们用脚带上足球宝宝一起去旅行吧！你们要紧紧跟着足球宝宝，可别让它走丢了！

观察要点

- 幼儿用脚的哪个部位触球。
- 幼儿脚触球后能否站稳。

幼儿可能出现的表现

- 用脚尖触碰球。幼儿跟着球跑，有的幼儿会把球跟丢了。
- 触球后站不稳。

支持性策略

- 鼓励幼儿跟着足球滚动的方向跑。
- 与幼儿一起游戏，引导幼儿大胆尝试。

推进一　我和球儿来赛跑

目　标

- 听信号追球跑，提高平衡能力。

准　备

材料：4 号足球人手一个，游戏音乐。

环境：宽敞平坦的场地。

玩　法

幼儿人手一个足球，四散在场地上，在音乐中自由用脚触碰球。球往哪

个方向滚，幼儿就朝哪个方向跑着追球。音乐停，幼儿暂停追球。游戏反复进行。（参见图 Z1-24、图 Z1-25）

图 Z1-24

图 Z1-25

指导语

小朋友们，今天我们玩和足球来赛跑的游戏。当你听到音乐，你就和球一起跑起来；音乐停了，你就停下。

观察要点

· 幼儿用脚的哪个部位触球。

· 幼儿能否听信号游戏。

幼儿可能出现的表现

· 用脚尖触碰球。

· 基本能听信号游戏。

· 有的幼儿跑得快，有的幼儿跑得慢。

支持性策略

· 鼓励能跟着足球的方向跑并能听信号及时停止游戏的幼儿。

· 音乐时长要根据幼儿的体力与耐力进行调整。

（叶青楠执教，刘尧芳编写，吴海云指导）

金教鞭

游戏七　好玩的大球

动作发展水平	水平一
年龄段	3～4 岁（小班上学期）

续表

核心动作	踢球
游戏总目标	• 尝试踢球击中目标物，增强下肢力量。 • 感受踢球游戏的乐趣。
观察要点	• 幼儿能否踢准球，踢完球能否站稳。

初始游戏　踢大球

目　标

• 尝试踢球，增强下肢力量及平衡能力。

准　备

材料：羊角球若干。

环境：宽敞平坦的场地上散放着羊角球。

玩　法

幼儿自由选择羊角球，将球踢起。游戏反复进行。（参见图 Z1-26、图 Z1-27）

图 Z1-26

图 Z1-27

指导语

小朋友们，看，这里有许多羊角球。你们能用脚把这些羊角球踢起来吗？试试谁的小脚有力气。游戏开始。

观察要点

• 幼儿能否踢起球，踢球后能否站稳。

• 幼儿的眼脚协调能力如何。

幼儿可能出现的表现

• 能把球踢起，但踢中后常常站不稳。

· 有踢不到球的现象。

支持性策略

· 及时鼓励踢球后能站稳的幼儿。

推进一　大球进洞

目　标

· 尝试向指定的目标踢球，增强下肢力量，发展空间方位意识。

准　备

材料：羊角球若干，“人”字形攀爬架若干。

环境：宽敞平坦的场地上摆放着“人”字形攀爬架，离攀爬架 1.5 m 处设置起点线。（参见图 Z1-28）

图 Z1-28

玩　法

幼儿站在起点处，将羊角球踢进攀爬架下。游戏反复进行。（参见图 Z1-29、图 Z1-30）

图 Z1-29

图 Z1-30

指导语

小朋友们，羊角球玩累了，它想回家了，“人”字形攀爬架下面是羊角球的家，用你的脚把羊角球踢进它的家。你们来试一试吧！

观察要点

· 幼儿能否把球踢到攀爬架下。

· 幼儿踢球后能否站稳。

幼儿可能出现的表现

- 多数幼儿能把球踢进攀爬架，个别幼儿会出现踢偏的现象。
- 经常踢中球后站不稳，如果用力踢会跌倒。

支持性策略

- 及时鼓励把球踢进洞后并能站稳的幼儿。

（黄海珍执教，叶琪慧编写，张丽珠指导）

游戏八　喂喂小动物

动作发展水平	水平一
年龄段	3～4 岁（小班上学期）
核心动作	踢球
游戏总目标	• 尝试踢球击中目标物，发展下肢力量及本体觉。 • 体验足球游戏的快乐，获得成就感。
观察要点	• 幼儿踢球时用哪个部位触球。

初始游戏　好吃的薯片

目　标

- 尝试踢球击中目标物，增强下肢力量。

准　备

材料：羊角球若干，“人”字形攀爬架若干，薯片罐若干。

环境：宽敞平坦的场地上摆放若干“人”字形攀爬架，将薯片罐挂在攀爬架下，攀爬架前 1.5 m 处设置起点线。（参见图 Z1-31）

图 Z1-31

玩　法

幼儿人手一个羊角球，站在起点处，将球踢进攀爬架，击中薯片罐。游戏反复进行。（参见图 Z1-32、图 Z1-33）

图 Z1-32

图 Z1-33

指导语

小朋友们，羊角球家门口有许多薯片，你们试试能不能用羊角球踢中它们，如果你踢中了，羊角球就吃到薯片啦。一起来试试吧！

观察要点

·幼儿能否踢中薯片罐。

·幼儿用脚的哪个部位踢球。

幼儿可能出现的表现

·时而踢中薯片罐，时而不能踢中，但基本能把羊角球踢进攀爬架内。

·用脚尖踢球。

支持性策略

·可以增加材料，提高难度，引导能力强的幼儿选择新材料尝试，如将薯片罐换成铃铛，目标物变小，再如将羊角球换成 4 号足球。（参见图 Z1-34）

图 Z1-34

推进一　好吃的饼干

目　标

·尝试踢球击中目标物，锻炼眼脚协调能力。

准　备

材料：足球若干，球门若干，饼干盒若干。

环境：球门前摆放饼干盒。（参见图Z1-35）

图 Z1-35

玩　法

幼儿将球放在球门前 1.5 m 处，用脚将球踢向球门撞击饼干盒。游戏反复进行。

指导语

小朋友们，今天请你们喂足球宝宝吃饼干。饼干盒放在球门前，用足球宝宝踢中饼干盒，你们就喂食成功啦！我们一起来试一试吧！

观察要点

- 幼儿用脚的哪个部位踢球。
- 幼儿能否踢中目标物，目标物能否进球门。

幼儿可能出现的表现

- 幼儿用脚尖踢球，基本能踢中球。
- 饼干盒有时被踢进球门，有时踢歪了而没有进球门。

支持性策略

- 提供多种形状不同、大小不同的食品盒，幼儿选择不同食品盒“喂食”。

（黄海珍执教，叶琪慧编写，张丽珠指导）

游戏九　搓汤圆

动作发展水平	水平二
年龄段	3 周岁 4 个月—4 周岁 6 个月（小班下学期—中班上学期）
核心动作	揉球
游戏总目标	• 熟悉球性，练习用脚揉球，提高腿的控制力和身体的协调性。 • 体验揉球的乐趣。
观察要点	• 幼儿单腿能否站稳。

初始游戏　灵活的身体

目　标

· 尝试用身体的各个部位揉球，提高身体的灵敏性和控制力。

准　备

材料：4 号足球人手一个。

环境：宽敞平坦的场地。

玩　法

幼儿用身体的各个部位让足球转动起来。（参见图 Z1-36 至图 Z1-39）

图 Z1-36

图 Z1-37

图 Z1-38

图 Z1-39

指导语

小朋友们，今天我们玩“搓汤圆”的游戏。请你们想想，用你身体的哪个部位可以让足球宝宝转动起来呢？好的，开始动起来吧！

观察要点

· 幼儿用身体的哪些部位揉球。

金教鞭

· 幼儿最喜欢用身体的哪个部位揉球。

幼儿可能出现的表现

· 用手、脚、肚子、肘等多个身体部位让球转动。

· 最喜欢用手转动球。

支持性策略

· 鼓励幼儿用脚让球转动。

推进一　灵活的脚

目　标

· 尝试用脚揉球，提高腿的控制力和身体的协调性。

准　备

材料：4号足球若干，呼啦圈若干。

环境：宽敞平坦的场地上摆放着呼啦圈，每个呼啦圈内摆放一个足球。（参见图Z1-40）

图 Z1-40

玩　法

幼儿站在呼啦圈内，用脚上下、左右揉球，让球转动起来。同伴之间可以互换位置。游戏反复进行。（参见图Z1-41）

图 Z1-41

指导语

小朋友们，今天我们继续玩“搓汤圆”的游戏。请你用脚来揉球，能做到吗？开始吧！

观察要点

· 幼儿能否单脚站立揉球。

· 幼儿揉球过程中身体能否保持平衡。

幼儿可能出现的表现

- 能单脚站立揉球，身体经常前后左右晃动。
- 用优势脚揉球的居多。

支持性策略

- 引导幼儿支撑脚要站稳。
- 提醒幼儿换腿游戏，避免单腿站立时间过长。

（叶秀珍执教，锜秀萍编写，吴茜指导）

游戏十 木头人

动作发展水平	水平二
年龄段	3周岁4个月—4周岁6个月（小班下学期—中班上学期）
核心动作	停球
游戏总目标	• 尝试带球（触碰球）、停球，听指令游戏，提高身体的平衡性和灵敏性。 • 遵守游戏规则，体验游戏的乐趣。
观察要点	• 幼儿踩球能否站稳。

初始游戏 不许动

目　标

- 尝试用脚带球、停球，增强下肢力量，提高身体的灵敏性和平衡性。

准　备

材料：4号足球人手一个，口哨。

环境：宽敞平坦的场地。

玩　法

幼儿每人一个足球，四散站在场地上。游戏开始，师幼一起念："我们都是木头人，不许跑，不许动，看谁最厉害。"幼儿边念儿歌边运球向前移动。教师吹响口哨时，幼儿立刻用脚停球，身体不动，等到再次听到口哨声再继续一边念儿歌一边运球。游戏反复进行。（参见图 Z1-42、图 Z1-43）

图 Z1-42

图 Z1-43

指导语

小朋友们，今天我们和足球宝宝一起玩“木头人”游戏。念儿歌时和足球宝宝一起前进，听到口哨声就用脚把球宝宝稳稳地停在自己的脚下并保持不动。大家都来试试吧。

观察要点

- 幼儿用脚的哪个部位停球。
- 幼儿带球（触碰球）时球滚动速度如何。

幼儿可能出现的表现

- 停球时有的幼儿整个脚踩在球上，有的幼儿双脚夹住球。
- 用脚触碰球带球，球滚得较快。

支持性策略

- 鼓励幼儿快速停球，提醒幼儿脚触碰球时轻一些，球就会滚得慢。

推进一　谁最酷

目　标

- 尝试听指令带球（触碰球）行进和停球，提高身体的灵敏性和平衡性。

准　备

材料：4 号足球人手一个，游戏音乐。

环境：宽敞平坦的场地。

玩　法

音乐响起，幼儿四散在场地上跑着运球。当音乐暂停，幼儿马上停球，

保持一个姿势不动，等音乐响起继续游戏。（参见图 Z1-44、图 Z1-45）

图 Z1-44

图 Z1-45

指导语

小朋友们，今天我们继续玩“木头人”游戏。音乐响起，你们就跑着踢球前进；音乐停止，你们就要停球摆个帅帅的造型，像木头人一样不能动哦！老师希望看到木头人每次的造型都不一样。游戏开始。

观察要点

- 幼儿停球的动作是否快速。
- 幼儿是否快速带球行进。

幼儿可能出现的表现

- 停球速度不一。
- 喜欢快速带球行进，但停球时常常重心失衡。

支持性策略

- 鼓励幼儿快速带球、停球。

（范丹华执教，黄海珍编写，张丽珠指导）

游戏十一　小企鹅夹球走

动作发展水平	水平二
年龄段	3 周岁 4 个月—4 周岁 6 个月（小班下学期—中班上学期）
核心动作	夹球走

续表

游戏总目标	·尝试双脚夹球走，增强下肢力量，提高身体灵敏性和平衡性。 ·遵守游戏规则，体验夹球走的乐趣。
观察要点	·幼儿双脚是否有力。

初始游戏　好玩的圆凳

目　标

·尝试双脚夹物走，增强下肢力量。

准　备

材料：塑料圆凳若干，游戏音乐。

环境：宽敞平坦的场地。

玩　法

幼儿每人一个塑料圆凳，四散站在场地上。音乐响起，幼儿双脚夹塑料圆凳自由行走；音乐停，幼儿坐在塑料圆凳上休息。游戏反复进行。（参见图Z1-46、图Z1-47）

图 Z1-46

图 Z1-47

指导语

小朋友们，今天请你们当小企鹅。小企鹅有个本领，就是能夹着圆圆的塑料凳走路，你们试试吧。音乐响起夹着圆凳走，音乐停止坐在圆凳上。

观察要点

·幼儿双脚夹物是否有力。

· 幼儿夹物走的速度如何。

幼儿可能出现的表现

· 在行走途中要反复调整圆凳。

· 行走的速度较慢。

支持性策略

· 及时鼓励能夹物行走的幼儿。

· 指导无法夹物行走的幼儿。

推进一　好玩的球

目　标

· 练习双脚夹球走，增强下肢力量。

准　备

材料：4 号足球、波波球等若干，游戏音乐。

环境：宽敞平坦的场地。

玩　法

幼儿选择自己喜欢的球，四散站在场地上。音乐响起，幼儿夹着球走；音乐暂停，幼儿夹球原地休息。游戏反复进行。（参见图 Z1-48、图 Z1-49）

图 Z1-48

图 Z1-49

指导语

小朋友们，小企鹅本领更大了，能夹着球走。音乐响起，小企鹅夹球走；音乐暂停，小企鹅就站住休息。小企鹅要保护好球，别让它滚走了。游戏开始。

观察要点

- 幼儿双脚夹球是否有力。
- 幼儿夹球行走的速度如何。

幼儿可能出现的表现

- 行走途中球会滚落。
- 行进速度偏慢。

支持性策略

- 鼓励幼儿分享不让球滚落的方法。

（王凯运执教，锜秀萍编写，吴茜指导）

游戏十二　小兔捉蝴蝶

动作发展水平	水平二
年龄段	3 周岁 4 个月—4 周岁 6 个月（小班下学期—中班上学期）
核心动作	夹球跳
游戏总目标	• 尝试双脚夹球跳，增强下肢力量。 • 体验双脚夹球跳的乐趣。
观察要点	• 幼儿双脚是否有力。

初始游戏　高高的蝴蝶

目　标

- 尝试双脚夹球向上纵跳，增强下肢力量。

准　备

材料：波波球、足球等若干，纸蝴蝶等悬挂物若干。

环境：平坦的场地上悬挂“蝴蝶”，“蝴蝶”距离幼儿头顶 30 cm～40 cm。

玩　法

幼儿自主选择球，两脚夹住球，纵跳触摸头上的“蝴蝶”。游戏反复进行。（参见图 Z1-50、图 Z1-51）

图 Z1-50

图 Z1-51

指导语

小朋友们，我们用脚夹球扮演小兔子，小兔子可会跳了。这里有蝴蝶，小兔子们跳起来捉吧。

观察要点

· 幼儿能否把球夹紧向上跳。

· 幼儿夹球纵跳的高度。

幼儿可能出现的表现

· 夹球纵跳时，两脚夹不紧球，导致球掉落。

· 跳起的高度不一，个体差异大。

支持性策略

· 引导能力弱的幼儿夹波波球跳。

· 引导能力强的幼儿触摸较高的悬挂物。

推进一　会飞的蝴蝶

目　标

· 尝试双脚夹球行进跳，增强下肢力量。

准　备

材料：波波球、足球等若干，绑着纸蝴蝶的竹竿。

环境：平坦的场地。

玩　法

教师手拿竹竿，向不同的方向移动。幼儿双脚夹住球，向“蝴蝶”移动

的方向跳。游戏反复进行。（参见图 Z1-52、图 Z1-53）

图 Z1-52

图 Z1-53

指导语

小朋友们，蝴蝶会飞来飞去。你们有信心抓到蝴蝶吗？小朋友们夹好球，准备去捉蝴蝶吧！

观察要点

- 幼儿能否把球夹紧不落地。
- 幼儿能否夹球行进跳。

幼儿可能出现的表现

- 夹球跳的距离有远有近。
- 跳的速度有快有慢。
- 跳得快的幼儿，球往往容易掉落。

支持性策略

- 根据幼儿的能力状况调整“蝴蝶”移动的速度和方向。

（范珊珊执教，刘丽英编写，张丽珠指导）

游戏十三　小球进山洞

动作发展水平	水平二
年龄段	3 周岁 4 个月—4 周岁 6 个月（小班下学期—中班上学期）
核心动作	踢球

续表

游戏总目标	·触球腿能较自然地摆动踢球，提高下肢力量及协调能力。 ·能与同伴合作玩游戏。
观察要点	·幼儿触球腿能否自如摆动，用脚的哪个部位踢球。

初始游戏　一人山洞

目　标

·触球腿能较自然地摆动踢球，提高下肢力量及协调能力。

·继续体验脚的多部位踢球。

准　备

材料：4 号足球若干。

环境：宽敞平坦的场地。

玩　法

幼儿自由结伴，两人一组，每组一个足球。一个幼儿撑开双腿做“山洞”，另一个幼儿将球踢进“山洞”。互换游戏角色，游戏反复进行。（参见图 Z1-54、图 Z1-55）

图 Z1-54

图 Z1-55

指导语

小朋友们，今天我们玩“小球进山洞”的游戏。这个游戏两个人玩，找一个好朋友，商量一下谁踢球、谁当山洞，商量好了就可以开始玩。玩的时候要动脑筋，用身体的哪个部位可以当山洞，踢球的小朋友想一想怎样踢球容易进山洞。

观察要点

- 幼儿用脚的哪个部位触球。
- 幼儿触球腿是否可以较自如摆动。

幼儿可能出现的表现

- 用脚尖、脚弓、脚内侧、脚背等部位踢球。
- 触球腿比较自如摆动。

支持性策略

- 引导幼儿调整踢球者与“山洞”的距离。
- 提醒当球门的幼儿尽量把球门做大。

推进一　两人山洞

目　标

- 触球腿能自然地摆动踢球，提高下肢力量及协调能力。
- 多人合作游戏，体验与同伴一起游戏的快乐。

准　备

材料：4 号足球若干。

环境：宽敞平坦的场地。

玩　法

幼儿自由结伴，三人一组，每组一个足球。两个幼儿合作做“山洞”，一个幼儿将球踢进“山洞”。轮换游戏角色，游戏反复进行。（参见图 Z1-56、图 Z1-57）

图 Z1-56

图 Z1-57

指导语

小朋友们，你们玩过“小球进山洞”的游戏，有的小朋友想三个人一起玩。今天找两个好朋友一起商量好角色就可以开始玩。游戏结束要与大家分享你的玩法哦！

观察要点

- 幼儿的触球腿能否自然地摆动踢球。
- 幼儿踢球时的力度如何。
- 幼儿是否会商量合作并制定游戏规则。

幼儿可能出现的表现

- 触球腿摆动比较自如，手摆中位或高位保护。
- 会有意识判断踢球的远近，个体踢球力度不一。
- 能与同伴协商合作，轮流游戏。

支持性策略

- 鼓励幼儿创新出各种各样的“山洞”。
- 鼓励幼儿与同伴合作玩游戏。

（施艾萌执教，黄海珍编写，吴茜指导）

游戏十四　小刺猬回家

动作发展水平	水平二
年龄段	3 周岁 4 个月—4 周岁 6 个月（小班下学期—中班上学期）
核心动作	踢球（射门）
游戏总目标	·有目的地向指定方向踢球，提高踢中目标的精准度。 ·感受挑战游戏带来的乐趣。
观察要点	·幼儿踢球是否有力度。

初始游戏　不一样的家

目　标

- 有目的地向指定方向踢球，提高踢中目标的精准度。

准　备

材料：4 号足球人手一个，百变管道若干。

环境：宽敞平坦的场地上，百变管道或横或竖摆放，创设成“小刺猬的家”。（参见图 Z1-58、图 Z1-59）

图 Z1-58

图 Z1-59

玩　法

幼儿每人一个足球，自行调整距离，把球踢进“小刺猬的家”。游戏反复进行。（参见图 Z1-60、图 Z1-61）

图 Z1-60

图 Z1-61

指导语

小朋友们，今天的足球宝宝是小刺猬，百变管道是它的家。你能把小刺猬踢进家吗？越远能踢进去本领就越大哦。

观察要点

- 幼儿是否有目的地向指定方向踢球。
- 幼儿踢球的方向与力度。

幼儿可能出现的表现

- 会尝试调整球与百变管道的距离。
- 方向没控制好，球踢不进百变管道内。

支持性策略

· 引导幼儿思考站在什么位置踢球、踢球的什么部位能将球踢进百变管道。

推进一　比一比

目　标

· 有目的地向指定方向踢球，提高踢中目标的精准度。

· 探索球踢得远近与力量的关系。

准　备

材料：4 号足球人手一个，百变管道 2 个。

环境：宽敞平坦的场地上摆放两个百变管道当作“小刺猬的家”，管道前大约 2 m 处设置起点线。（参见图 Z1-62、图 Z1-63）

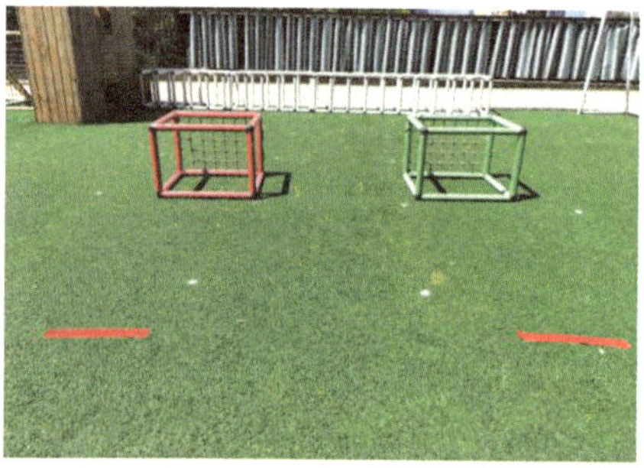

图 Z1-62

图 Z1-63

玩　法

幼儿两人一组，每人一个足球，自主选择一个“小刺猬的家”，站在起点线踢球，比比谁能把“小刺猬”送回“家”。“小刺猬”回一次“家”可以加一分，三局累计得分高者胜。第二次游戏重新选择“家”，游戏反复进行。（参见图 Z1-64、图 Z1-65）

图 Z1-64

图 Z1-65

指导语

小朋友们，你们商量要玩比赛的游戏，还商量好比赛的规则，每个人踢 3 次球，小刺猬进一次家得一分，谁的分数高谁就赢。现在你们可以开始玩游戏了。游戏中要思考怎样踢小刺猬才容易回家。

观察要点

- 幼儿是否有目的地向指定的方向踢球。
- 幼儿用脚的哪个部位踢球。
- 幼儿支撑腿的站位是否合适。

幼儿可能出现的表现

- 踢球力度不够，球被管道挡住，没进球。
- 踢球时方向控制不好，踢偏了。
- 支撑腿的站位有的幼儿在球侧方，有的幼儿在球后方。

支持性策略

- 引导幼儿尝试调整踢球的力度与方向。

推进二　一起玩

目　标

- 积极参加比赛，敢于接受挑战，有合作与竞赛的意识。

准　备

材料：4 号足球若干，百变管道 2 个。

环境：宽敞平坦的场地上摆放两个百变管道当作“小刺猬的家”，离管道大约 3 m 处设置起点线。

玩　法

幼儿分成两组，一组两名幼儿。幼儿站在起点线后踢球，哪一组踢进的球多就获胜。（参见图 Z1-66、图 Z1-67）

图 Z1-66

图 Z1-67

指导语

小朋友们，今天的游戏是比赛进球，每组两个人，进球多的一组获胜。场地已经布置好了，你们可以开始游戏了。

观察要点

- 幼儿是否有团队的意识。
- 幼儿能否遵守游戏规则、排队等待。

幼儿可能出现的表现

- 组员间间距太小，摆臂时会互相影响。
- 有团队的意识，当自己的队员进球时会情绪愉悦。

支持性策略

- 鼓励幼儿持续参与比赛。

（王凯运执教，刘丽英编写，张丽珠指导）

游戏十五　穿越隧道

动作发展水平	水平二
年龄段	3周岁4个月—4周岁6个月（小班下学期—中班上学期）
核心动作	踢球
游戏总目标	• 尝试用脚背踢球，有目的地向指定方向踢球，发展空间意识。 • 感受与同伴合作游戏带来的乐趣。
观察要点	• 幼儿是否用脚背踢球，踢球是否有力度。

初始游戏　短的隧道

目　标

- 尝试用脚背踢球，增强下肢力量，锻炼目测力、协调性和敏捷性。

准　备

材料：4号足球若干，百变管道若干。

环境：宽敞平坦的场地上，摆放若干百变管道，创设“隧道”情境。

玩　法

幼儿两人一组，分别站在“隧道”两侧，一名幼儿将足球从“隧道”里踢过去给同伴，同伴尝试用脚停球后又把球从“隧道”踢回。如此反复进行游戏。（参见图 Z1-68、图 Z1-69）

图 Z1-68

图 Z1-69

指导语

小朋友们，今天我们和足球宝宝玩“穿越隧道”的游戏。两个小朋友一组，一个小朋友把球踢过隧道给伙伴，接球的小朋友要把球停住并把球从隧道踢回。大家找到一个好朋友就可以开始玩了。试一试用脚背踢，边踢边动脑筋想怎样踢能使足球宝宝穿越隧道。

观察要点

- 幼儿是否尝试用脚背踢球。
- 幼儿踢球时是否会摆臂。
- 幼儿能否对准目标踢球。

幼儿可能出现的表现

- 个别幼儿会尝试用脚背踢。
- 部分幼儿会摆臂出脚，部分幼儿协调性有待提高。
- 会有意识探索将球踢进“隧道”的方法。

支持性策略

- 引导幼儿思考：地上有管道，要如何把球精准地踢到“隧道”那边去。
- 与幼儿梳理踢球部位，有脚内侧踢球、脚背踢球；示范不同部位踢球的方法，提醒幼儿尽量不用脚尖而用脚背踢球。

推进一　长的隧道

目　标

- 尝试用脚背踢球，增强下肢力量。
- 愿意和同伴协商合作游戏。

准　备

材料：4号足球若干，百变管道若干。

环境：宽敞平坦的场地上，幼儿合作将百变管道拼接成“长隧道”。（参见图Z1-70）

图 Z1-70

玩　法

幼儿两人一组，分别站在“隧道”两侧，一名幼儿将足球从“隧道”这头踢过去给同伴，同伴尝试用脚停球后又把球从“隧道”踢回。如此反复进行游戏。（参见图Z1-71、图Z1-72）

图 Z1-71

图 Z1-72

指导语

小朋友们，我们的隧道变长了。你们来挑战把球从长长的隧道踢过去给你的好朋友，试试用脚背踢球吧。

观察要点

- 幼儿能否用脚背踢球。
- 同伴间能否商量合作。

幼儿可能出现的表现

·尝试用脚背踢球，但是动作不熟练，常常把球踢到“隧道”外或踢不远。

·能出脚摆臂，力度掌握适宜。

支持性策略

·引导幼儿思考踢球的力度与距离远近的关系，触球的部位和踢球的线路的关系。

·鼓励幼儿加长“隧道”长度，数一数自己能把球踢过几个百变管道。

（范丹华执教，黄海珍编写，吴海云指导）

游戏十六　踢踢乐

动作发展水平	水平二
年龄段	3周岁4个月—4周岁6个月（小班下学期—中班上学期）
核心动作	踢球

目　标

·尝试用脚背或脚内侧踢球，增强下肢力量，提高身体的平衡性。

·体验在不同场地玩足球的乐趣。

准　备

材料：4号足球若干。

环境：宽敞的斜坡。

玩　法

幼儿两人一组，坡下的幼儿将球踢上坡，坡上的幼儿将球踢下坡。游戏反复进行。

指导语

小朋友们，以前我们在平地上玩踢球的游戏，今天在斜坡玩，一个站在坡下踢，一人站在坡上踢。找一个好朋友玩起来吧。记得试一试用脚内侧踢或用脚背踢。

观察要点

· 幼儿是否用脚背或脚内侧踢球。

· 幼儿能否控制力度。

幼儿可能出现的表现

· 用脚尖踢球的幼儿居多。

· 坡下的幼儿用力踢球，努力把球踢上坡顶；坡上的幼儿也用力踢球，把球踢得远远的。

支持性策略

· 指导坡下的幼儿用脚背踢球，坡上幼儿用脚内侧踢球。

· 坡下的幼儿踢久后容易疲劳，提醒坡下的幼儿与坡上的幼儿互换位置。

（范珊珊执教，黄小平编写，张丽珠指导）

游戏十七　吹泡泡

动作发展水平	水平二
年龄段	3 周岁 4 个月—4 周岁 6 个月（小班下学期—中班上学期）
核心动作	踢球

目　标

· 尝试前后、左右摆动腿踢球，增强身体的平衡感。

· 感受踢中目标物的快乐。

准　备

材料：4 号足球人手一个，贴着大大小小的圆片的海绵垫若干。

环境：海绵垫靠在墙上，距离海绵垫前方 2 m 处设置起点线。（参见图 Z1-73）

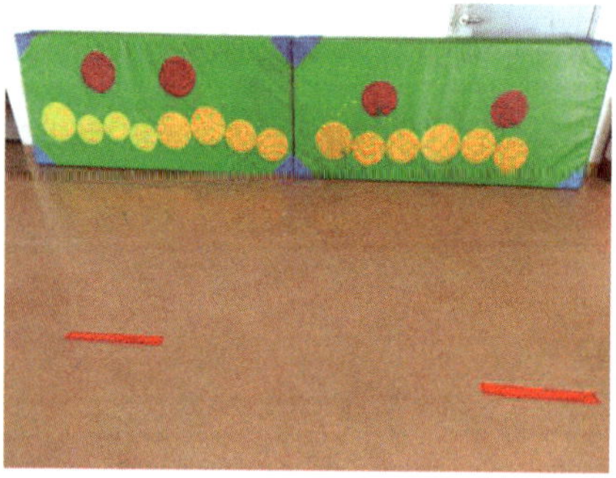

图 Z1-73

玩　法

幼儿人手一个足球，将足球放在起点线上，用脚把足球踢到海绵垫的圆片上，试试谁踢中的圆片多。

指导语

小朋友们，我们今天来玩“吹泡泡”的游戏。把足球放在线上，看看海绵垫子上的泡泡，可以选择颜色和大小不一样的泡泡，用脚把足球踢过去击中泡泡，大家来试试吧！

观察要点

· 幼儿能否前后、左右摆动腿，从不同的方向踢球。

· 幼儿是否有意识地用脚内侧踢球。

幼儿可能出现的表现

· 会有意识地用脚内侧踢球。

· 会根据所选的目标物，尝试前后、左右摆动腿踢球。

· 多用优势脚踢球。

支持性策略

· 指导幼儿针对所选的目标物，前后、左右摆动腿踢球。

（叶秀珍执教，樊丽青编写，张丽珠指导）

游戏十八　小球爬山坡

动作发展水平	水平二
年龄段	3周岁4个月—4周岁6个月（小班下学期—中班上学期）
核心动作	运球

目　标

· 尝试用脚的各个部位运球，发展下肢力量及协调能力。

· 体验在不同场地运球的乐趣。

准　备

材料：4号足球人手一个。

环境：有斜坡的空场地。

玩　法

幼儿人手一个足球，从斜坡下往斜坡上运球，如果球滚走就捡回继续游戏。游戏反复进行。（参见图Z1-74、图Z1-75）

图 Z1-74

图 Z1-75

指导语

小朋友们，今天我们和小球玩“爬山坡”的游戏。用脚的哪个部位运球，球宝宝就会爬上山坡？你们试试吧。

观察要点

· 幼儿用脚的哪个部位运球。

· 幼儿运球时的动作是否协调。

幼儿可能出现的表现

· 用脚弓、脚内侧、脚尖等部位运球。

· 球常常会滚走。

支持性策略

· 与幼儿梳理运球的部位，有脚背正面运球、脚内侧运球；示范各种运球的方法。

· 引导幼儿尝试用脚内侧和脚背运球。

（施艾萌执教，黄小平编写，张丽珠指导）

游戏十九　停车场

动作发展水平	水平二
年龄段	3 周岁 4 个月—4 周岁 6 个月（小班下学期—中班上学期）
核心动作	运球

续表

游戏总目标	• 尝试运用脚内侧运球，增强下肢力量，提高身体的灵敏性与协调性。 • 能遵守游戏规则，懂得保护自己、注意安全。
观察要点	• 幼儿能否用脚内侧运球。

初始游戏　我会开车

目　标

• 学习用脚内侧运球，提高运球时身体的协调性与灵敏性。

准　备

材料：4 号足球人手一个，跨栏架若干。

环境：宽敞平坦的场地上，分散摆放若干跨栏架，创设“停车场”情境。（参见图 Z1-76）

图 Z1-76

玩　法

幼儿人手一个球，在“停车场”里绕障碍物运球。游戏反复进行。（参见图 Z1-77）

图 Z1-77

指导语

小朋友们，今天我们玩“停车场”的游戏。足球就是你们的小车，你们在停车场开车不要碰到其他东西哦。

观察要点

• 有障碍物时，幼儿运球速度是否减慢。

• 线路改变时，幼儿是否出现脚内侧运球的动作。

幼儿可能出现的表现

• 遇障碍物拐弯时，因不能及时调整身体方向导致球滚走。

• 在每次拐弯时明显地出现了脚内侧运球的动作。

支持性策略

·鼓励幼儿在转弯时放慢速度，用脚内侧运球。

推进一　我会停车

目　标

·学习用脚内侧运球，提高运球时身体的协调性与灵敏性。

准　备

材料：4 号足球人手一个，跨栏架若干。

环境：宽敞平坦的场地上，分散摆放若干跨栏架作“停车位”，创设“停车场”情境。

玩　法

幼儿人手一个球，在“停车场”里绕障碍物运球；听到“天黑了”，把球踢进“停车位”。游戏反复进行。（参见图 Z1-78、图 Z1-79）

图 Z1-78

图 Z1-79

指导语

小朋友们，今天我们继续玩“停车场”的游戏。你们听到“天黑了”的时候，要把车子停到停车位放好。游戏开始吧。

观察要点

·在拐弯处，幼儿运球速度是否减慢。

·线路改变时，幼儿是否出现脚内侧运球或两只脚交替运球的动作。

幼儿可能出现的表现

·常常在“停车”时速度减慢，因不能及时调整身体方向导致球滚走。

·在每次“停车”时明显地出现了脚内侧运球的动作。

支持性策略

- 引导幼儿增加跨栏架的数量进行竞赛游戏。
- 鼓励幼儿加快运球的速度，比一比谁先将“小车”停到“停车位”。

（汤妍妍执教，黄海珍编写，张丽珠指导）

游戏二十　有趣的路

动作发展水平	水平二
年龄段	3周岁4个月—4周岁6个月（小班下学期—中班上学期）
核心动作	曲线运球
游戏总目标	• 尝试运用脚内侧运球，增强下肢力量，提高身体的灵敏性与协调性。 • 能创造性地玩游戏，协商制定简单的游戏规则并遵守。
观察要点	• 幼儿能否用脚内侧运球。

初始游戏　拐弯的路

目　标

- 探索运球的力度与球滚动的关系。
- 尝试在弯道内用脚内侧运球，提高身体的灵敏性。

准　备

材料：4号足球人手一个，锥形筒或标志碟若干。

环境：宽敞平坦的场地上，幼儿用锥形筒或标志碟拼摆出“路”的场景。（参见图Z1-80、图Z1-81）

图 Z1-80

图 Z1-81

玩　法

幼儿人手一球，自主协商“路”的起点和终点，依次从起点出发，运球至终点。游戏反复进行。（参见图 Z1-82、图 Z1-83）

图 Z1-82

图 Z1-83

指导语

小朋友们，今天你们用锥形筒、标志碟设计了“路”，大家商量好哪里是起点、哪里是终点，然后就可以在路上运球了。要怎么踢才不会让球撞到锥形筒或标志碟上？你们去试一试。

观察要点

- 幼儿拐弯时能否调整身体的方向。
- 幼儿在拐弯处是否会用脚内侧运球。
- 幼儿游戏过程中身体与球的距离。

幼儿可能出现的表现

- 变向时调整身体方向的动作不够灵敏。
- 在拐弯处运球速度减慢，偶尔用脚内侧运球。
- 在拐弯处运球时，由于控制不住脚的力度，导致球滚走。
- 不能控制运球的力量，身体与球往往分离开。

支持性策略

- 鼓励幼儿积极、主动地尝试调整身体的方向。
- 引导幼儿在拐弯处把握好运球的力度。
- 示范用脚内侧运球。

推进一　迷宫路

目　标

- 探索脚内侧运球的力度和方向，提高身体的协调性与灵敏性。
- 体验游戏的快乐。

准　备

材料：4 号足球人手一个，锥形筒或标志碟若干。

环境：宽敞平坦的场地上，幼儿用锥形筒或标志碟拼摆出“迷宫路”的场景。（参见图 Z1-84）

图 Z1-84

玩　法

幼儿人手一个足球，在“迷宫路”上自由地运球。游戏反复进行。（参见图 Z1-85、图 Z1-86）

图 Z1-85

图 Z1-86

指导语

小朋友们，你们想挑战在迷宫路运球吗？大家已经设计好了迷宫路，可以开始游戏了。边玩边想要怎样保护好球，不撞到锥形筒和标志碟。

观察要点

- 幼儿运球时能否及时调整身体方向。
- 幼儿能否用脚内侧运球。

·幼儿游戏过程中身体与球的距离。

幼儿可能出现的表现

·转向时常常因不能及时调整身体方向导致球滚走。

·每次身体改变方向时出现脚内侧运球的动作。

·身体与球的距离比较远。

支持性策略

·引导幼儿根据自己的运球能力调整障碍物的间距。

·鼓励幼儿在转弯时尝试用脚内侧运球。

·提醒幼儿控制运球的力量。

推进二　弯弯曲曲的路

目　标

·探索脚内侧运球的力度和方向。

·体验游戏的快乐。

准　备

材料：4 号足球人手一个，锥形筒或标志碟若干。

环境：宽敞平坦的场地上，幼儿用锥形筒或标志碟拼摆“路”的场景。（参见图 Z1-87、图 Z1-88）

图 Z1-87

图 Z1-88

玩　法

幼儿人手一球，协商“路”的起点和终点，依次从起点出发，运球绕过弯弯曲曲的“路”。游戏反复进行。（参见图 Z1-89、图 Z1-90）

图 Z1-89

图 Z1-90

指导语

小朋友们，你们想挑战一下在很弯很弯的路上运球吗？今天大家就来试试吧。

观察要点

- 幼儿运球时能否及时调整身体方向。
- 幼儿能否用脚内侧运球。
- 幼儿能否排队等待玩游戏。

幼儿可能出现的表现

- 障碍物间距小，常常因不能及时调整身体方向导致球滚走。
- 每次身体改变方向时出现脚内侧运球的动作。

支持性策略

- 引导幼儿根据自己的运球能力调整障碍物的间距。
- 鼓励幼儿在转弯时尝试用脚内侧运球。
- 可以用其他材料代替障碍物，比如薯片罐、牛奶罐、饼干盒等。

（汤妍妍执教，黄小平编写，吴茜指导）

游戏二十一　抢球了

动作发展水平	水平二
年龄段	3 周岁 4 个月—4 周岁 6 个月（小班下学期—中班上学期）
核心动作	运球

目　标

- 在追逐运球游戏中增强下肢力量，提高耐力、身体的协调性与灵敏性。
- 感受追逐运球的乐趣。

准　备

材料：4 号足球若干。

环境：宽敞平坦的场地。

玩　法

幼儿两两自由结伴，追逐一个足球，看看谁能把球控制在自己的脚下。（参见图 Z1-91、图 Z1-92）

图 Z1-91

图 Z1-92

指导语

小朋友们，请你找一个好朋友，两人一起踢一个足球，看看谁能把球宝宝控制在自己的脚下。

观察要点

- 幼儿跑步的速度。
- 幼儿跑步中急停时身体的控制能力。
- 幼儿控球的能力。

幼儿可能出现的表现

- 追逐球时会用手拉人。
- 在对方快接近球时会一脚把球踢得很远。
- 追到球，用力踢球，再奔跑去追球。

支持性策略

- 和幼儿一起梳理抢到球的方法：跑得快，不能太用力踢球。

（陈希茂执教，黄小平编写，张丽珠指导）

游戏二十二　搬运工

动作发展水平	水平三
年龄段	4 周岁 6 个月—6 周岁（中班下学期—大班）
核心动作	踩推球
游戏总目标	· 双脚交替拨球向前推，提高平衡能力及协调性。 · 体验竞赛游戏的乐趣。
观察要点	· 幼儿身体能否保持平衡。

初始游戏　小小搬运工

目　标

· 探索踩推球推物前进，提高平衡能力及协调性。

准　备

材料：4 号足球人手一个，空牛奶箱若干，口哨。

环境：宽敞平坦的场地。

玩　法

幼儿人手一个足球和一个牛奶箱，自由分散在场地中，用脚拨球推动牛奶箱前进，哨声响起时踩球停球。游戏反复进行。（参见图 Z1-93）

图 Z1-93

指导语

小朋友们，我们用脚和足球宝宝玩游戏，脚和球宝宝要怎样动才能让牛奶箱移动呢？大家来试试吧！

观察要点

· 幼儿用脚的哪个部位踩推球。

· 幼儿踩推球时动作是否协调。

幼儿可能出现的表现

· 用脚尖、前脚掌、脚弓推球前进。

· 踩推球时会重心不稳。

支持性策略

·鼓励幼儿尝试用脚的不同部位踩推球，感受不同的速度。

·提醒幼儿两脚交替踩推球。

·与幼儿共同梳理推物前进的方法；示范踩推球，鼓励幼儿尝试拨球的方法。

推进一　比一比

目　标

·积极探索快速踩推球的方法，提高控球能力。

·喜欢参与竞赛游戏。

准　备

材料：4 号足球若干，各种形状的泡沫积木若干。

环境：场地上设置起点和终点，起点处放泡沫积木。（参见图 Z1-94）

图 Z1-94

玩　法

幼儿分成两组比赛，在起点处自由选择积木，用踩推球的方式把积木搬运到终点；在固定时间内搬运积木最多的小组获胜。（参见图 Z1-95）

图 Z1-95

指导语

小朋友们，今天有两组搬运工运送积木，一次运送一块，每一种积木都可以试试。规定时间内运送积木最多的小组获胜。请站在起点线上，游戏开始。

观察要点

·幼儿用脚的哪个部位踩推球。

·幼儿下肢力量及身体的控制性、稳定性如何。

幼儿可能出现的表现

·用前脚掌踩推球的现象较多。

·积木体积较小，踩推球时方向不好控制。

金教鞭

支持性策略

·鼓励幼儿尝试运不同形状的积木。

（黄海珍执教，刘丽英编写，张丽珠指导）

游戏二十三　倒车真有趣

动作发展水平	水平三
年龄段	4 周岁 6 个月—6 周岁（中班下学期—大班）
核心动作	踩拉球
游戏总目标	· 尝试拉球的基本动作，提高下肢力量和身体的平衡能力。 · 体验拉球的快乐。
观察要点	· 幼儿能否双脚交替踩拉球。

初始游戏　一人倒车

目　标

·尝试用脚拉球倒着走，探索拉球中保持身体平稳的方法，提高腿部肌肉力量和身体的协调能力。

准　备

材料：4 号足球人手一个。

环境：宽敞平坦的场地。

玩　法

幼儿人手一个足球，四散站立在场地中，进行向后拉球的游戏。（参见图 Z1-96、图 Z1-97）

图 Z1-96

图 Z1-97

指导语

小朋友们，今天我们玩“倒车”的游戏。你们是小司机，足球宝宝是汽车。你们能用脚把车子倒着开吗？用脚踩住球，试一试能不能把球往后拉动。

观察要点

· 幼儿拉球时重心是否稳定。

· 幼儿是否两只脚都能向后拉球。

幼儿可能出现的表现

· 支撑脚距球过远或过近，影响拉球动作。

· 拉球后重心没有及时跟上，身体失去平衡。

· 用优势脚拉球居多。

支持性策略

· 指导幼儿向后拉球时支撑脚要站稳，保持重心稳定。

· 鼓励幼儿左右脚交替拉球。

推进一　小组倒车

目　标

· 增强拉球能力，锻炼下肢力量，提高身体协调性。

准　备

材料：4 号足球人手一个。

环境：宽敞平坦的场地。

玩　法

幼儿人手一个足球，自由组合，两人或多人手拉手向后拉球。（参见图 Z1-98）

图 Z1-98

指导语

小朋友们，昨天你们都会倒车，今天还想跟小伙伴一起倒车。你想跟谁一起玩倒车游戏呢？一会儿先找朋友，找到朋友就可以开始玩。两只脚都要试试哦。

观察要点

· 幼儿拉球动作是否到位。

· 同伴之间是否会互相影响。

幼儿可能出现的表现

· 支撑脚距球过远或过近，影响拉球动作。

· 左右脚交替拉球，重心不稳。

支持性策略

·鼓励幼儿和同伴协同游戏。

·后续的自主游戏中鼓励幼儿与同伴玩向左转弯、向右转弯等不同方向拉球的游戏。

推进二　比赛倒车

目　标

·与同伴协同拉球，提高平衡能力及协调性。

·团队比赛，体验竞赛的乐趣。

准　备

材料：4 号足球人手一个，口哨。

环境：宽敞平坦的场地，设置起点与终点，两者相距 10 m。

玩　法

幼儿人手一球，自由组合，每一组的人数相等。组内幼儿手拉手并行向后拉球，先到达终点的小组为胜。输的小组幼儿原地踩球 10 次。游戏反复进行。（参见图 Z1-99）

图 Z1-99

指导语

小朋友们，昨天你们说要玩倒车比赛的游戏。现在场地已经设置好了，小朋友们自己找好朋友组队，每一组人数要一样哦。组好队后在起点做好准备，听到口哨声就出发。

观察要点

·幼儿拉球的力度与重心。

·幼儿拉球的速度。

幼儿可能出现的表现

·向后拉球时重心不稳。

·同伴向后拉球的节奏快慢不一。

支持性策略

·帮助幼儿梳理解决比赛时出现的困难。

·鼓励幼儿玩向任意方向拉球的游戏。

（杜芳静执教，张丽英编写，吴茜指导）

游戏二十四　小球跳舞

动作发展水平	水平三
年龄段	4 周岁 6 个月—6 周岁（中班下学期—大班）
核心动作	脚背颠球

目　标

· 尝试用脚背颠网兜里的球到指定地点，提高反应能力及动作准确性。

· 熟悉球性，感受颠球的乐趣。

准　备

材料：装在网兜里的 4 号足球人手一个，口哨。

环境：宽敞平坦的场地，设置起点与终点，两者相距 5 m。

玩　法

幼儿分成三组，每人手提一个网兜里的足球，用脚背颠网兜里的球前进，比比谁先到达终点。（参见图 Z1-100）

图 Z1-100

指导语

小朋友们，今天我们比赛脚背颠球，让小球跳起舞来。在起点等待，听到口哨声就出发，比一比谁能先到达终点。游戏开始！

观察要点

· 幼儿能否用脚背颠球。

· 幼儿颠球的准确性。

幼儿可能出现的表现

· 用脚尖、脚内侧颠球。

· 常常出现踢空的现象。

支持性策略

· 及时表扬能用脚背颠球的幼儿。

· 鼓励幼儿两只脚轮流颠球。

· 鼓励幼儿颠没有兜在网兜里的球。

（杜芳静执教，张丽英编写，张丽珠指导）

游戏二十五　小球快回家

动作发展水平	水平三
年龄段	4 周岁 6 个月—6 周岁（中班下学期—大班）
核心动作	夹球跳、运球
游戏总目标	·尝试用脚弓、脚内侧运球，提高控球能力。 ·尝试快速夹球跳，增强下肢力量。
观察要点	·幼儿是否用脚弓、脚内侧运球，双脚夹球是否有力。

初始游戏　小球回圈圈家

目　标

·尝试用脚弓、脚内侧运球，提高控球能力。

·尝试快速夹球跳，增强下肢力量。

准　备

材料：4 号足球人手一个，塑料圈若干。

环境：宽敞平坦的场地上摆放若干塑料圈，圈与圈间距约 2 m。

玩　法

幼儿人手一个足球，听到“天亮了”，幼儿用脚带球在场地上自由散步；听到“天黑了”，幼儿双脚夹球跳进圈。游戏反复进行。（参见图 Z1-101、图 Z1-102）

图 Z1-101

图 Z1-102

指导语

小朋友们，今天我们带着球宝宝散步。听到“天亮了”就出发，听到“天黑了”就要双脚夹着球宝宝跳回圈圈家哦。

观察要点

- 幼儿是否用脚弓、脚内侧运球。
- 幼儿运球脚是否提起，膝关节是否弯曲。
- 幼儿用脚的哪个部位夹球。

幼儿可能出现的表现

- 能用脚弓、脚内侧运球。
- 运球时脚提得不够高，膝关节弯曲不到位。
- 夹球进圈时，力度不够导致球滚走。

支持性策略

- 与幼儿一同游戏，示范运球动作。
- 请能力强的幼儿示范夹球进圈。

推进一　小球回圆凳家

目　标

- 尝试用脚弓、脚内侧运球，提高控球能力。
- 尝试快速夹球跳，增强下肢力量。

准　备

材料：4 号足球人手一个，塑料圆凳若干。

环境：宽敞平坦的场地上摆放若干圆塑料凳，凳面朝下，凳与凳间距约 1.5 m。（参见图 Z1-103）

图 Z1-103

玩　法

幼儿人手一个足球，听到“天亮了”，就用脚带球在场地上自由散步；听到“天黑了”，就快速把球夹进塑料凳里面。游戏反复进行。（参见图 Z1-104、图Z1-105）

图 Z1-104

图 Z1-105

指导语

小朋友们，今天我们继续玩“小球快回家”的游戏。听到“天亮了”，你们可以运球、踩球、拨球；如果听到“天黑了”，你们就要快快用双脚夹球跳起，让小球回家哦。

观察要点

- 幼儿运球时动作是否协调。
- 幼儿夹球的速度。

幼儿可能出现的表现

- 运球时膝关节不会弯曲。
- 跳得不够高，塑料凳的高度导致夹球进凳失败。

支持性策略

- 引导幼儿说说用什么方法能又快又好地把球夹跳进塑料凳。

（樊丽青执教，黄海珍编写，张丽珠指导）

游戏二十六　夹球跳

动作发展水平	水平三
年龄段	4 周岁 6 个月—6 周岁（中班下学期—大班）
核心动作	夹球跳
游戏总目标	• 尝试用双脚夹球跳，增强下肢力量。 • 体验夹球跳的乐趣。
观察要点	• 幼儿运用哪种方式夹球跳。

初始游戏　自主夹球跳

目　标

· 尝试用双脚夹球，增强下肢力量。

准　备

材料：4 号足球人手一个，软绳梯若干。

环境：宽敞平坦的场地上摆放若干软绳梯。（参见图 Z1-106）

图 Z1-106

玩　法

幼儿人手一个足球，用脚夹球在软绳梯中间的空格处跳跃前进。游戏反复进行。（参见图 Z1-107、图 Z1-108）

图 Z1-107

图 Z1-108

指导语

小朋友们，今天我们玩用脚夹着球跳的游戏，想一想可以怎样跳。

观察要点

· 幼儿下肢是否有力量。

· 幼儿夹球跳的方法。

幼儿可能出现的表现

· 夹球的力度不一，途中有的球会滚落。

· 在夹球跳时会一次跳两格。

支持性策略

• 提出问题：除了向前跳还可以往什么方向跳？引导幼儿尝试变化身体的方向夹球跳。

推进一　花样夹球跳

目　标

• 探索多种夹球跳的方法，锻炼下肢力量。

准　备

材料：4 号足球人手一个，软绳梯若干。

环境：宽敞平坦的场地上摆放若干软绳梯。

玩　法

幼儿人手一个足球，自主探索夹球跳（向前跳、向后跳、侧身跳、转圈跳等）。游戏反复进行。（参见图 Z1-109、图 Z1-110）

图 Z1-109

图 Z1-110

指导语

小朋友们，今天挑战一下自己，边玩边想有没有跟其他小朋友夹着球跳过软梯的不同方法。

观察要点

• 幼儿是否会尝试不同的夹球跳。

• 幼儿使用哪种方式夹球跳时更能灵敏地移动身体。

幼儿可能出现的表现

• 夹球向前跳速度快，向后跳速度慢。

·喜欢尝试各种方式的夹球跳。

·探索出多种夹球跳前进的办法，如侧身跳、倒着跳、转圈跳等。

支持性策略

·及时肯定幼儿探索的新方法。

·鼓励幼儿在自主游戏中不断探索夹球跳的方法；引导幼儿相互学习，模仿同伴的跳法，勇于挑战有难度的转圈跳、倒着跳等跳法。

推进二　看谁跳得快

目　标

·主动参与竞赛游戏，勇于克服困难，挑战自我。

准　备

材料：4 号足球人手一个，软绳梯 2 个。

环境：宽敞平坦的场地上并行摆放两个软绳梯。（参见图 Z1-111）

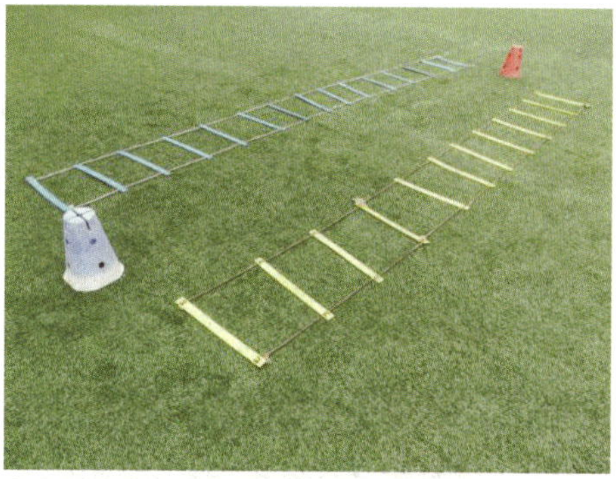

图 Z1-111

玩　法

幼儿两两比赛，自由选择夹球跳的方法，看谁更快跳完软绳梯。（参见图 Z1-112、图 Z1-113）

图 Z1-112

图 Z1-113

指导语

小朋友们，夹球跳有多种方法，今天你们试一试、比一比，看哪种跳法能快速跳过软梯。

观察要点

- 幼儿夹球跳的速度。
- 幼儿用什么方法夹球跳速度快。

幼儿可能出现的表现

- 尝试多种方法，发现身体面向前方跳得快。
- 尝试一次跳过多格软梯。

支持性策略

- 引导幼儿分享夹球跳的方法与速度的关系。
- 鼓励幼儿挑战一次跳多格等更有难度的动作。

（杜芳静执教，樊丽青编写，吴海云指导）

游戏二十七　传球真有趣

动作发展水平	水平三
年龄段	4周岁6个月—6周岁（中班下学期—大班）
核心动作	传球
游戏总目标	• 尝试传球，提高身体的控制能力、反应能力，发展身体的协调性和灵敏性。 • 体验合作游戏的乐趣。
观察要点	• 球能否传到位。

初始游戏　大家一起玩

目　标

- 能灵活地运用脚控制住传过来的球。
- 用脚内侧传球和接球，增强下肢的力量及身体的稳定性。

准　备

材料：4号足球一个。

环境：宽敞平坦的场地。

玩　法

幼儿围站成圈。一名幼儿站在圈外捡球。足球在幼儿的脚下互传，如果哪个幼儿没有接住传来的球，就和圈外的幼儿互换位置。游戏反复进行。（参

见图 Z1-114、图 Z1-115）

图 Z1-114

图 Z1-115

指导语

小朋友们，今天我们站成圆圈玩传球的游戏。你要仔细看哦，球到你的脚下，你要把它接住再传给别人。如果你没接住球而让球滚走了，你就要和圈外的小朋友互换位置玩游戏。

观察要点

· 幼儿是否用脚内侧传球。

· 幼儿是否接住球后再传球。

幼儿可能出现的表现

· 大部分幼儿用脚内侧传球，少数幼儿用脚背传球。

· 不会停球、踩球，直接把球传出去，力度没有控制好，导致球滚走。

· 大部分幼儿能集中注意力玩球，少数幼儿注意力不集中，需要同伴提醒。

支持性策略

· 可以根据幼儿需要，调整圆圈的大小和人数。

· 支持幼儿分享传球体验，鼓励幼儿创造性地玩出新的传球游戏。

推进一　三人传球

目　标

· 能变向传球。

· 提高合作能力，体验合作游戏的快乐。

准　备

材料：4 号足球若干。

环境：宽敞平坦的场地。

玩　法

幼儿自由结伴，三人一小组，呈三角站立。球从一个幼儿脚下出发，传给另一个幼儿，接球的幼儿要用脚停球再传球给下一个幼儿。游戏反复进行。(参见图 Z1-116、图 Z1-117)

图 Z1-116

图 Z1-117

指导语

小朋友们，今天的传球游戏，我们要有更有趣的玩法。你们把新游戏玩起来吧！

观察要点

- 幼儿能否用脚接住传过来的球。
- 幼儿传接球的动作是否协调，能否灵敏地移动身体。

幼儿可能出现的表现

- 能用停球、踩球的方式接住传过来的球。
- 看到传过来的球会移动身体，但接球的速度慢。

支持性策略

- 鼓励幼儿尝试向不同方向传球，如顺时针传球、逆时针传球等。
- 建议幼儿尝试用脚背进行远距离的传球。
- 提出问题：如果三人传球时，有一位截球者加入，你还能把球传给对方吗？引导幼儿挑战新玩法。(参见图 Z1-118)

图 Z1-118

（叶薇执教，黄海珍编写，吴茜指导）

游戏二十八 火山爆发

动作发展水平	水平三
年龄段	4 周岁 6 个月—6 周岁（中班下学期—大班）
核心动作	脚背踢球
游戏总目标	• 尝试用脚背踢球，增强腿部力量。 • 练习绕障碍物运球，提高身体的协调性。 • 体验击中目标的成功感，感受游戏的快乐。
观察要点	• 幼儿击球的准确性与力度。

初始游戏 小火山

目 标

• 尝试用脚背踢球，增强腿部力量。

准 备

材料：4 号足球人手一个，锥形筒 1 个。

环境：宽敞平坦的场地上，幼儿把锥形筒摆放在地上当作“火山”，距离“火山” 2 m 处设置起点线。（参见图 Z1-119）

图 Z1-119

玩 法

幼儿人手一个足球，在起点线后排队，依次用脚把球踢向远处的“火山”，击中一次算一分，看看谁的得分高。击中的幼儿要将击倒的“火山”扶起摆好，再去捡球、排队游戏。

指导语

小朋友们，你们能用足球击中火山吗？你们来试试！击中一次得一分，看看谁的得分高。击中的小朋友要把倒下的火山扶起，再去捡球、排队游戏。试一试、想一想，怎样踢容易踢中。（参见图 Z1-120）

图 Z1-120

观察要点

- 幼儿是否用脚背踢球。
- 幼儿是否踢准目标物。

幼儿可能出现的表现

- 除了用脚背踢球，还会用脚内侧踢球。
- 球踢偏了，没有击中目标。

支持性策略

- 参与游戏，示范用脚背踢球。

推进一　高高的火山

目　标

- 尝试用脚背远距离踢球，增强腿部力量。

准　备

材料：4 号足球人手一个，锥形筒 1 个，牛奶箱若干。

环境：宽敞平坦的场地上，幼儿把锥形筒和牛奶箱组合摆放成“火山”，距离“火山”2 m 处设置起点线。（参见图 Z1-121）

图 Z1-121

玩　法

幼儿每人一个足球，在起点线后排队，依次用脚把球踢向远处的“火山”，一轮过后，看看谁的击中率高。击中的幼儿要将击倒的“火山”扶起摆好，再去捡球、排队游戏。游戏反复进行。（参见图 Z1-122）

图 Z1-122

指导语

小朋友们，上次小火山的火被你们扑灭了，你们还想挑战大火山。今天的火山变高了，你们用脚背踢球，试一试脚背对准球的什么部分踢，容易踢中大火山。

观察要点

- 目标物增高，幼儿是否能调整脚的触球点。
- 幼儿是否用脚背踢球。

幼儿可能出现的表现

- 触球点没有在球的下方，球只在地上滚。
- 脚的力度不够，球踢得不够远。
- 用足弓、脚内侧踢球。

支持性策略

- 参与游戏，让幼儿观察踢球的力度与踢球的部位。
- 引导幼儿组队进行小组比赛，提高踢球兴趣。

推进二　有阻碍的火山

目　标

- 尝试运球后踢球，提高动作的协调性和灵敏性。

准　备

材料：4 号足球人手一个，锥形筒、牛奶箱若干。

环境：宽敞平坦的场地上，幼儿将锥形筒和牛奶箱组合摆放成“火山”，距离“火山”2 m 处设置起点线，起点线后竖向摆放若干锥形筒，筒间间隔 1 m。（参见图 Z1-123）

图 Z1-123

玩　法

幼儿人手一个足球，依次用脚带球绕过障碍物，到达起点线后，将球踢向“火山”。一轮过后，看看谁的击中率高。击倒的“火山”由幼儿负责轮流摆放。游戏反复进行。（参见图 Z1-124、图 Z1-125）

图 Z1-124

图 Z1-125

金教鞭

指导语

小朋友们，你们昨天说消防员去火山灭火要经过弯弯曲曲的小路，再到达火山。那今天我们也有了弯弯曲曲的路和大火山，一起来游戏吧。怎样运球快速通过弯弯曲曲的路？运球后怎样能踢中火山？大家边玩边动脑筋想。

观察要点

- 幼儿运球后踢球动作是否协调、灵敏。
- 幼儿是否会根据目标物调整击球点。
- 幼儿是否用脚背踢球。

幼儿可能出现的表现

- 在运球过障碍物时速度慢。
- 踢球时力度与角度掌握不好，导致无法击中目标物。
- 个别幼儿运球后能马上踢球。

支持性策略

- 梳理总结运球后踢球的方法；可请能力强的幼儿示范，也可教师示范。
- 引导幼儿开展小组比赛，提高运球后踢球动作的连贯性。

（杜芳静执教，樊丽青编写，张丽珠指导）

游戏二十九　打怪兽

动作发展水平	水平三
年龄段	4周岁6个月—6周岁（中班下学期—大班）
核心动作	踢球
游戏总目标	• 尝试踢移动球，提高反应能与与判断能力。 • 体验踢球击中目标物的成功感，感受游戏的快乐。 • 能遵守游戏规则，懂得保护自己、注意安全。
观察要点	• 幼儿踢球是否精准。

初始游戏　大大的家

目　标

- 尝试踢移动球，提高反应能力与判断能力。

准　备

材料：4 号足球、绳子、球门若干。

环境：宽敞平坦的场地，场地中间放小球门，四周间距 3 m 左右围着绳子。（参见图 Z1-126）

图 Z1-126

玩　法

幼儿分成人数相同的两队玩对抗性游戏。一队防守队员当“怪兽”，站在球门前；一队进攻队员当“猎人”，持球站在绳子外围。游戏开始，“猎人”用脚把球踢进“怪兽”后面的“家”，“怪兽”要把球接住并踢出绳子。“猎人”与“怪兽”都可以移动，但不能越过绳子。（参见图 Z1-127）

图 Z1-127

指导语

小朋友们，今天我们来玩“打怪兽”的游戏。大家商量好防守队员和进攻队员的人数，站好位置就可以开始玩了。进攻的猎人用脚把球射进怪兽的家，防守的怪兽要懂得保护好自己的家哦。

观察要点

· 幼儿能否踢中移动的球。

· 幼儿踢球前是否有收腿、摆腿的动作。

· 幼儿踢球动作是否有力，踢球时胳膊是否有反向动作。

幼儿可能出现的表现

· 进攻的幼儿把球放在线外，人往后退 2 m 左右，往前冲刺踢球，球常常踢不进球门。

- 进攻的幼儿把球放在线外，抬脚直接射门。
- 进攻的幼儿用足弓对准球门，用脚内侧踢球进球门。

支持性策略

- 鼓励幼儿积极、主动地尝试调整射门距离。
- 引导幼儿把握好踢球的力度与角度。
- 鼓励防守队员将球踢出线外。

推进一　小小的家

目　标

- 尝试踢移动球并能踢中目标物，提高反应能力、判断能力。

准　备

材料：4 号足球、锥形筒、绳子若干。

环境：宽敞平坦的场地，场地中间摆放若干锥形筒，四周间距 3 m 左右围着绳子。（参见图 Z1-128）

图 Z1-128

玩　法

幼儿分成人数相同的两队，一队防守队员当"怪兽爸爸"，站在锥形筒外围；另一队进攻队员当"猎人"，持球站在绳子外围。游戏开始，"猎人"把球踢向"怪兽宝宝"（锥形筒），"怪兽爸爸"为保护"怪兽宝宝"，看到球后马上将球踢出线。"猎人"与"怪兽爸爸"都可以移动，但都不能越过绳子。（参见图 Z1-129、图 Z1-130）

图 Z1-129

图 Z1-130

指导语

今天我们继续玩“打怪兽”的游戏。你们已经商量好游戏规则，一队小朋友当怪兽的爸爸，一队小朋友做猎人，锥形筒当怪兽宝宝。怪兽爸爸要保护好怪兽宝宝不被猎人踢中，如果怪兽宝宝被踢倒了，怪兽爸爸要马上把它扶起来。现在可以开始游戏了。

观察要点

- 幼儿能否踢中移动的球。
- 幼儿踢球前是否有收腿、摆腿的动作。
- 幼儿看到球，是否有踩球动作后再摆腿踢出。

幼儿可能出现的表现

- 防守幼儿只站在某一点上，没有移动接球，因此锥形筒总是被踢中、踢倒。
- 防守幼儿会移动防守；看到球，会踩球后再摆腿踢出。
- 踢球前有明显的收腿、摆腿的动作。

支持性策略

- 鼓励幼儿在移动中用脚背踢球。

（樊丽青执教，张丽珍编写，张丽珠指导）

金教鞭

游戏三十　遛狗狗

动作发展水平	水平三
年龄段	4 周岁 6 个月—6 周岁（中班下学期—大班）
核心动作	踢球
游戏总目标	• 尝试在追逐跑中踢移动的球，提高灵敏性、协调性和平衡能力。 • 体验在跑动中踢球的快乐。
观察要点	• 幼儿能否敏捷地躲闪。

初始游戏　奔跑的小狗狗

目　标

• 尝试在走动和跑动中踢移动的球。

准　备

材料：装在网兜里的 4 号足球、绳子若干。

环境：宽敞平坦的场地，用绳子围出一定范围。

玩　法

一名幼儿拉网兜着的球，让球在地上转圈或滚动，另一名幼儿在其后追并踢球。球踢中后互换角色游戏。（参见图 Z1-131、图 Z1-132）

图 Z1-131

图 Z1-132

指导语

小朋友们，你拉着小狗狗散步，你的好朋友扮演大灰狼来踢你的小狗狗，如果踢中了，就互换角色继续游戏。大家试试吧。

观察要点

- 在追逐跑中能否踢中球。
- 拉球跑的幼儿能否灵敏地躲闪。

幼儿可能出现的表现

- 经常踢不中球。
- 追逐跑的运动量较大，常常跑得气喘吁吁。

支持性策略

- 提醒幼儿累了要停下休息。
- 鼓励幼儿商量追逐跑的策略。
- 鼓励幼儿团队对抗，自主商量角色与规则进行游戏。

推进一　狗狗与灰太狼

目　标

- 尝试在追逐跑中踢移动的球，提高灵敏性、协调性和平衡能力。

准　备

材料：装在网兜里的 4 号足球、两种颜色的球服、绳子各若干。

环境：宽敞平坦的场地，用绳子围出一定的游戏范围。

玩　法

幼儿自由协商角色。一队幼儿扮演遛狗人，拉着球跑；一队幼儿扮演灰太狼。当“灰太狼”出现，“遛狗人”带着“狗狗”（球）在规定的范围内四散跑，“灰太狼”踢到“狗狗”，就算抓住。全部“狗狗”被“灰太狼”抓住后，互换角色游戏。（参见图 Z1-133、图 Z1-134）

图 Z1-133

图 Z1-134

指导语

小朋友们，现在请你找到好朋友，分配好游戏角色，就可以开始玩游戏了。

观察要点

- 幼儿在追逐跑中能否踢中球。
- 幼儿躲避追捕时身体是否灵敏。

幼儿可能出现的表现

- 能在跑动中迅速踢球，但踢中率不高。
- “灰太狼”会采取围攻的办法集体对付一只“狗狗”。
- “遛狗人”为躲避追捕，会跑出规定范围。

支持性策略

- 和幼儿一起梳理在追逐中踢中球的办法。
- 场地的大小可因幼儿的能力及人数而设定。

（锜秀萍执教，张丽英编写，吴海云指导）

游戏三十一　进山洞

动作发展水平	水平三
年龄段	4 周岁 6 个月—6 周岁（中班下学期—大班）
核心动作	射门、守门
游戏总目标	·尝试守门和射门，提高反应能力、判断能力，锻炼勇敢、果断的意志品质。 ·主动参与游戏，正确对待输赢。
观察要点	·幼儿踢球后能否站稳。

初始游戏　定点射门

目　标

·尝试守门和射门，提高反应能力、判断能力，锻炼勇敢、果断的意志品质。

准　备

材料：4 号足球若干，球门。

环境：宽敞平坦的场地上放置一个球门，球门前 2 m 处设置起点线。

玩　法

幼儿自由协商分配角色。一名幼儿当守门员站在球门前，其他幼儿持球站在起点线后面，轮流用脚内侧或脚背将球踢向球门。守门员尝试扑截踢来的球。扑到后交换角色继续游戏。（参见图 Z1-135、图 Z1-136）

图 Z1-135

图 Z1-136

指导语

小朋友们，今天我们要玩定点射门的游戏。你想和谁一起玩呢？可以两个人玩，还可以三个、四个人一起玩。一人当守门员，其他的小朋友站在线后面射门，守门员要想办法用手接住踢来的球，也可以用脚将球踢出，不让球进球门，拦截成功后与踢球的小朋友交换角色。大家现在可以去找朋友，商量好角色就开始游戏了。

观察要点

- 守门员是否集中注意力观察来球，大胆用手接球或用脚踢球。
- 幼儿是否寻找合适的角度射门。
- 幼儿是否会用脚内侧或脚背踢球。

幼儿可能出现的表现

- 用脚内侧或脚背踢球，用优势腿踢球次数多。
- 一般都是正对球门射门，进球率比较低。
- 当进球率低时，会调整射门区与球门的距离。
- 守门员能集中注意力拦截球。

支持性策略

- 提醒幼儿用脚背或脚内侧踢球。
- 引导幼儿寻找合适的角度射门。
- 鼓励幼儿远距离射门。

推进一　跑动射门

目　标

·尝试助跑踢球射门，增强下肢力量。

·快速、勇敢地用手接球或踢球。

准　备

材料：4号足球若干，球门。

环境：宽敞平坦的场地上设置一个球门，球门前2 m～4 m处设置起点线。

玩　法

幼儿自由协商分配角色。一名幼儿当守门员站在球门前；其他幼儿自主选择与球门的距离，助跑后用脚内侧或脚背将球踢向球门。守门员尝试扑截踢来的球，扑到后交换角色继续游戏。（参见图Z1-137、图Z1-138）

图Z1-137

图Z1-138

指导语

小朋友们，你们想尝试跑一段距离再踢球吗？现在找到朋友商量一下角色，就开始游戏吧！

观察要点

·幼儿助跑射门的动作是否协调。

·幼儿射门力度如何。

·守门员是否快速、勇敢接球或踢球。

幼儿可能出现的表现

·助跑射门踢球时常常踢不准。

·助跑距离长，踢球没力度。

·多数幼儿喜欢当守门员，能专注扑球，但是有的幼儿看到球速比较快的球会胆怯。

支持性策略

·引导射门的幼儿选择适宜的距离助跑射门。

（叶薇执教，张丽珍编写，张丽珠指导）

游戏三十二　踢球过洞

动作发展水平	水平三
年龄段	4 周岁 6 个月—6 周岁（中班下学期—大班）
核心动作	脚内侧运球射门
游戏总目标	·尝试用左右脚的内侧运球并射门，提高控球能力及敏捷性、协调性。 ·定点射门时探索踢球的力度。
观察要点	·幼儿踢球后能否站稳。

初始游戏　踢球过洞

目　标

·尝试用脚内侧射门，提高定点射门能力。

准　备

材料：4 号足球人手一个，轮胎若干。

环境：宽敞平坦的场地，幼儿把轮胎立起来摆放在场地上。

玩　法

幼儿将足球从轮胎中的洞踢过去。游戏反复进行。（参见图 Z1-139、图 Z1-140）

图 Z1-139

图 Z1-140

指导语

小朋友们，轮胎中间有个洞，你们能踢球穿过洞吗？材料摆放好就可以开始游戏了。

观察要点

· 幼儿能否将足球从轮胎中间的洞踢过去。

幼儿可能出现的表现

· 会多次尝试，调整踢球的距离、角度与力度。

· 尝试助跑踢球。

支持性策略

· 引导幼儿尝试调整触球点踢球。

推进一　踢球穿过组合洞

目　标

· 尝试用左右脚的内侧运球和定点射门，提高控球能力及敏捷性、协调性。

准　备

材料：4 号足球人手一个，轮胎、锥形筒若干。

环境：宽敞平坦的场地。场地一端将轮胎堆放成一排，轮胎前摆放两排锥形筒，每个锥形筒间隔 1.5 m 左右。（参见图 Z1-141）

图 Z1-141

玩　法

幼儿从场地一侧出发，运球逐一绕过锥形筒到轮胎前，把足球射进洞里。游戏反复进行。

指导语

小朋友们，今天我们玩“喜羊羊和灰太狼”的游戏。灰太狼住在山洞后面；你们是喜羊羊，把球运到洞前，踢进洞，洞里的灰太狼就被你们赶跑啦。我们一起来试试吧！

观察要点

· 幼儿用脚的哪个部位运球。

· 球能否射进洞。

幼儿可能出现的表现

· 会尝试用脚内侧、脚弓运球。

· 球常常踢不进洞。

支持性策略

· 提醒幼儿尝试调整轮胎的倾斜度。

· 鼓励幼儿积极、主动地尝试调整射门距离及脚触球的部位。

（叶薇执教，黄海珍编写，吴海云指导）

游戏三十三　数字踢踢乐

动作发展水平	水平三
年龄段	4 周岁 6 个月—6 周岁（中班下学期—大班）
核心动作	踢球
游戏总目标	· 尝试用脚背踢球，增强下肢力量，提高身体的平衡能力。 · 体验击中目标的成功感，感受游戏的快乐。
观察要点	· 幼儿踢球是否有远度、高度和准度。

初始游戏　我最棒

目　标

· 尝试用脚背或脚内侧踢球，增强下肢力量，提高身体的平衡能力。

准　备

材料：4 号足球人手一个，数字墙（高 2 m 宽 3 m，上面一排写“4、5、6”，下面一排写“1、2、3”，参见图 Z1-142）。

环境：宽敞平坦的场地，一端放置数字墙，距离数字墙 3 m 处设置起点线。

图 Z1-142

玩　法

幼儿站在起点线上射门击分游戏。球踢出后，射中哪个数字，幼儿则获得相应分数值。

指导语

小朋友们，你们试试看，能踢中哪一个数字？踢中数字几就可以得几分哦，比比谁的得分多。

观察要点

- 幼儿是否用脚背或脚内侧踢球。
- 幼儿动作是否协调、有力。

幼儿可能出现的表现

- 击中数字墙下面一排的次数多。
- 喜欢挑战上面一排的数字，但是常常踢不中。
- 踢球的力度、精准度不一，能力差异大。
- 想踢中哪个数字，就会将球垂直摆放在那个数字前。

支持性策略

- 引导幼儿探索要如何调整击球点去踢中不同的数字。
- 鼓励幼儿自我挑战，争取踢中所有的数字。
- 后续可以开展同伴之间的比赛，培养幼儿的竞争意识。

推进一　守门员本领大

目　标

- 躲避他人的拦截踢中目标，提高灵敏性及下肢力量。

准　备

材料：4 号足球若干，绳子，数字墙（高 2 m 宽 3 m，上面一排写“4、5、6”，下面一排写“1、2、3”）。

环境：宽敞平坦的场地，一端放置数字墙，数字墙前用绳子围一个直径 2 m 的圆。

玩　法

幼儿自由结伴，一名幼儿站在圈内踢球，另一名幼儿站在数字墙前扑球。踢球的幼儿踢中数字获得相应的分数，如果球被扑住则不得分。（参见图 Z1-143、图 Z1-144）

图 Z1-143

图 Z1-144

指导语

小朋友们，今天游戏升级了，有守门员扑球。守门员要注意保护自己。踢球的小朋友想好踢哪个数字，试一试踢球的什么部位容易踢中自己想要的数字。

观察要点

· 幼儿是否不断思考与探索如何踢球。

· 扑球幼儿的姿势。

幼儿可能出现的表现

· 能力强的幼儿当守门员。

· 踢球的幼儿通常都踢不到数字墙，被守门员扑住了。

· 在踢球中会不断地尝试与探索。

支持性策略

· 鼓励幼儿在尝试中不断总结经验。

（黄海珍执教，张丽珍编写，张丽珠指导）

游戏三十四　小球别跑

动作发展水平	水平三
年龄段	4 周岁 6 个月—6 周岁（中班下学期—大班）
核心动作	运球（斜坡脚内侧运球）
游戏总目标	· 控制适宜的力度用脚内侧运球，增强球感，提高控球能力。 · 集中注意力游戏，养成专注持久游戏的习惯。
观察要点	· 幼儿能否用脚内侧控制好球。

初始游戏　一人斜坡运球

目　标

· 能调整身体与球的距离进行脚内侧运球。

· 探索脚内侧推球的力量与球滚动距离的关系。

准　备

材料：4 号足球人手一个。

环境：斜坡。

玩　法

幼儿从斜坡下的起点开始向上不断运球，用左右脚内侧推球，把球控制在斜坡上，不让球滚落到坡下和两侧。（参见图 Z1-145、图 Z1-146）

图 Z1-145

图 Z1-146

指导语

小朋友们，动脑筋想一想：怎样让球一直在斜坡上滚，但又不会滚到斜坡外面？小球很调皮哦，别让它跑了。

观察要点

• 幼儿在斜坡上控球是否用脚内侧。

• 幼儿游戏时是否专注、能坚持。

幼儿可能出现的表现

• 在用脚内侧控球过程中，球会滚落斜坡。

• 尝试用脚尖、脚弓、脚背、脚内侧等部位运球。

• 会注意控制运球的力度，但有时往上运球时力量没有控制好，球滚出斜坡。

支持性策略

• 组织幼儿交流用什么部位运球比较适宜，请选择用脚内侧运球的幼儿试一试运球的方法。

• 鼓励幼儿和同伴两两比赛，看谁在斜坡上的运球时间长。

推进一　比赛斜坡运球

目　标

• 集中注意力游戏，养成专注持久游戏的习惯。

· 用适宜的力度运球。

准　备

材料：4 号足球人手一个。

环境：斜坡。

玩　法

每个幼儿脚下各带一个足球，从坡下同时用脚内侧在斜坡运球，看哪个幼儿把球控制在斜坡上最久，坚持时间长的幼儿获胜。（参见图 Z1-147）

图 Z1-147

指导语

小朋友们，你们觉得在斜坡上运球很好玩，还想进行运球比赛。今天找好朋友一起来比赛吧。开始游戏吧！

观察要点

· 幼儿运球时是否用脚内侧触球。

· 幼儿游戏时的坚持性。

幼儿可能出现的表现

· 为了获胜会集中注意力运球。

· 能尝试用脚内侧运球。

· 会互相提醒不能将球滚歪，避免影响同伴的球。

支持性策略

· 鼓励在游戏中会动脑筋想办法控球的幼儿。

推进二　合作斜坡运球

目　标

· 能与同伴配合运球，发展协商合作能力。

准　备

材料：4 号足球若干。

环境：斜坡。

玩　法

两名幼儿一个足球，球滚到谁的跟前谁推球。两人一起合作，不让球滚下斜坡。（参见图 Z1-148、图 Z1-149）

图 Z1-148

图 Z1-149

指导语

小朋友们，这一次试试两人合作运一个球。如果能长时间在斜坡运球，不让小球滚走，你们就是最棒的搭档。

观察要点

• 幼儿同伴间是否会合作。

幼儿可能出现的表现

• 同伴间会互助合作运球，还会提醒同伴来球和运球的力度。

• 控球能力弱的幼儿，游戏持续的时间不长。

支持性策略

• 及时鼓励能快乐合作、游戏中有耐心、会坚持的幼儿。

• 建议没有及时接到球导致球滚落斜坡的幼儿自己先单独运球，同伴在旁边观看、提醒，帮助其掌握运球的方法。

（黄海珍执教，刘丽英编写，张丽珠指导）

游戏三十五　老狼老狼几点钟

动作发展水平	水平三
年龄段	4 周岁 6 个月—6 周岁（中班下学期—大班）
核心动作	运球、踩球、传球
游戏总目标	• 尝试运球、停球、传球，提高控球能力。 • 感受足球游戏的快乐。
观察要点	• 幼儿运球的速度以及护球的策略。

初始游戏　捉小羊

目　标

· 在游戏中增强控球能力，提高反应能力。

准　备

材料：4 号足球若干。

环境：宽敞平坦的场地。

玩　法

教师扮演老狼，幼儿扮演羊妈妈或羊爸爸。教师在前面走，幼儿边运球边跟在教师后面齐声问："老狼老狼几点钟？"教师回头回答"一点钟"，幼儿需踩球停下，依次反复。当教师说"天黑了"时，幼儿运球躲避教师的追捕，被追捕到的幼儿与教师互换角色。（参见图 Z1-150 至图 Z1-153）

图 Z1-150

图 Z1-151

图 Z1-152

图 Z1-153

指导语

小朋友们，今天我们一起玩"老狼老狼几点钟"的游戏。我是老狼，你们是羊爸爸、羊妈妈，足球是小羊。羊妈妈、羊爸爸边运球边跟在老狼后面齐声问："老狼老狼几点钟？"老狼回答几点钟的时候，羊爸爸、羊妈妈要踩球停住认真听，当老狼回答"天黑了"，羊爸爸、羊妈妈赶紧运球躲避，保护好小羊。如果小羊被老狼抓走了，你就和老狼互换角色。

观察要点

- 幼儿能否灵活地运球和踩球。
- 幼儿运球时能否控制好球。

幼儿可能出现的表现

- 能比较灵活地踩球。
- 运球躲避时，会用身体护球，或者把球踢得很远，再快速追球。

支持性策略

- 游戏后与幼儿共同梳理护球的方法，如用身体护球、快速奔跑运球等。
- 引导幼儿讨论怎样修改游戏规则，让游戏更具有挑战性。

推进一　保护小羊

目　标

- 尝试同伴之间传球，体验集体游戏的乐趣。

准　备

材料：4 号足球若干。

环境：宽敞平坦的场地。

玩　法

"老狼"由一只变成多只。"羊爸爸""羊妈妈"的"小羊"被"老狼"夺走之后，可以去帮忙其他伙伴一起护"羊"（可通过传球来护球）。直至"老狼"们把"羊"夺完后，游戏结束，重新商量分配角色继续游戏。（参见图 Z1-154 至图 Z1-157）

图 Z1-154

图 Z1-155

图 Z1-156

图 Z1-157

指导语

小朋友们，你们为了让游戏更刺激，修改了游戏规则。这一次游戏要几只老狼呢？羊爸爸羊妈妈们怎样配合能保护小羊呢？一会儿你们自己商量分配角色，一起商量护球的策略。商量好了就开始游戏。

观察要点

- 幼儿能否有意识地传球。
- 幼儿能否团结协作。

幼儿可能出现的表现

- 幼儿在紧张刺激的游戏中氛围中往往忽视传球。
- 双方团队会商量一些对策，但是不一定能灵活运用。

支持性策略

- 提醒幼儿护球时尝试变换身体的方向。
- 鼓励同伴之间团结协作。
- 提醒幼儿传球，或建议每次游戏护球队请一个幼儿在旁边提醒同伴传球。

（陈希茂执教，张丽珍编写，张丽珠指导）

游戏三十六　老鹰捉小鸡

动作发展水平	水平三
年龄段	4 周岁 6 个月—6 周岁（中班下学期—大班）
核心动作	抢断球
游戏总目标	• 尝试抢断球，提高控球能力。 • 感受足球集体游戏的快乐。
观察要点	• 幼儿能否运球、传球与断球。

初始游戏　一群小鸡

目　标

· 尝试躲闪运球，提高身体灵敏性。

准　备

材料：4 号足球若干。

环境：宽敞平坦的场地。

玩　法

教师扮演老鹰走在前；幼儿扮演小鸡，运球跟在教师身后自由玩耍。当教师说："老鹰捉小鸡，现在开始！"教师回身追逐幼儿，并去夺幼儿脚下的球。当球被教师夺走，幼儿可以想办法夺回。（参见图 Z1-158 至图 Z1-161）

图 Z1-158

图 Z1-159

图 Z1-160

图 Z1-161

指导语

小朋友们，我们要开始玩"老鹰捉小鸡"的游戏。你们是小鸡，要保护好自己的蛋宝宝哦！蛋宝宝被老鹰夺走后，要想办法重新夺回来。游戏开始，加油！

观察要点

· 幼儿运球时身体是否灵敏。

· 幼儿能否把球控制在脚下。

幼儿可能出现的表现

- 运球时把球踢很远再去追。
- 护球时不会转变身体方向，动作单一。

支持性策略

- 提醒幼儿运球时注意脚下的力度，尽量控制住球。
- 鼓励幼儿进行团队对抗游戏。

推进一　小鸡斗老鹰

目　标

- 尝试对抗游戏，提高运球能力，增强身体的灵敏性及耐力。

准　备

材料：4 号足球若干，两种颜色的球服若干。

环境：宽敞平坦的场地。

玩　法

幼儿自主分配角色，一队扮演老鹰，另一队扮演小鸡。“老鹰”捉“小鸡”时，“小鸡”为了保护好脚下的“蛋”（球），可以踩球停住，“老鹰”就不能再捉了。被“老鹰”夺走的“蛋”，小鸡可以重新夺回。（参见图 Z1-162 至图 Z1-165）

图 Z1-162

图 Z1-163

图 Z1-164

图 Z1-165

指导语

小朋友们，今天我们要玩老鹰和小鸡的对抗赛游戏。现在你们商量好哪队是小鸡、哪队是老鹰了吗？商量好后就可以开始玩游戏了。

观察要点

- 幼儿运球时能否躲避对方的进攻。
- 幼儿的耐力如何。
- 幼儿怎样抢截球。

幼儿可能出现的表现

- 控球能力强的幼儿能长时间把球控制在脚下。
- 体力消耗大时，幼儿会踩球休息、调整。
- “老鹰”与“小鸡”赛跑，谁跑得快，谁就能抢到球。

支持性策略

- 提醒“小鸡”把球控制在脚下，变换身体位置来保护球。
- 游戏后组织幼儿讨论，共同梳理游戏的策略。

推进二　团结起来

目　标

- 尝试同伴间按角色合作传球，提高跑动中的传球能力及耐力。

准　备

材料：4 号足球、两种颜色的球服若干，绳子 1 条。

环境：宽敞平坦的场地，用绳子在地上围一个圆圈，当作老鹰的巢穴。（参见图 Z1-166）

图 Z1-166

玩　法

幼儿分别扮演老鹰和小鸡，“老鹰”可以单独追逐“小鸡”“夺蛋”，也可以合作进攻。“小鸡”的“蛋”（球）被夺之后可以重新夺回，但当“老鹰”把“蛋”运到巢穴，“小鸡”便不可再抢。“蛋”被夺的“小鸡”可以继续和其他“小鸡”一起护“蛋”，直至最后一个“蛋”被“老鹰”夺走，游戏结束。（参见图 Z1-167、图 Z1-168）

图 Z1-167

图 Z1-168

指导语

小朋友们，今天我们重新修改游戏规则，蛋被老鹰夺走，老鹰带回家后，小鸡就不能再夺回来，但是小鸡可以帮助其他的小鸡一起护蛋。现在大家分配角色，商量对策，商量好了就可以开始玩游戏。

观察要点

- 幼儿的传球能力和耐力。
- 幼儿能否团结协作，商量对策。
- 幼儿抢断球的策略。

幼儿可能出现的表现

- 传球不到位，球传偏了导致被截走。
- 在追逐中，跑得快的幼儿容易抢到球。
- 团队内能团结合作、互相帮助。
- 耐力比较差，激烈跑后气喘吁吁。

支持性策略

- 鼓励幼儿有目的性地传球。
- 提醒耐力比较差的幼儿注意休息。

（黄海珍执教、编写，吴茜指导）

游戏三十七　谁是球王

动作发展水平	水平三
年龄段	4周岁6个月—6周岁（中班下学期—大班）
核心动作	抢球、护球

续表

游戏总目标	• 探索抢球、护球的方法，提高速度、灵敏性、协调性等身体素质。 • 激发合作的内在动机，初步树立勇于挑战、敢于拼搏、团队协作的精神。
观察要点	• 幼儿是否勇于挑战、敢于拼搏，是否有团队协作的精神。

初始游戏　抢球大赛

目　标

• 在比赛的情境中思考护球的方法，提高速度、灵敏性、协调性等身体素质。

准　备

材料：4 号足球人手一个，手环若干，游戏音乐。

环境：宽敞平坦的场地。

玩　法

音乐响起，幼儿运球，教师抢球。幼儿的球如果被教师抢了，可以夺回或去抢其他幼儿的球。音乐停，游戏停止，有球的幼儿把球踩停并获得一个胜利手环。游戏反复进行。（参见图 Z1-169、图 Z1-170）

图 Z1-169

图 Z1-170

指导语

小朋友们，今天老师要和你们玩“谁是球王”的游戏。你们护球，我抢球，音乐停止时脚下还有球的小朋友就是球王，可以得到手环一个。游戏开始，加油！

观察要点

• 幼儿护球时身体是否灵敏。

• 幼儿能否把球控制在脚下。

幼儿可能出现的表现

- 在护球时，有的幼儿动作灵敏；有的幼儿不会转变身体方向，动作单一。
- 躲避进攻时，有的幼儿把球踢很远再去追。

支持性策略

- 和幼儿一起梳理护球的经验。
- 提醒幼儿护球时不能拉人、推人、踢人。
- 鼓励幼儿结伴玩对抗游戏。

推进一　一对一抢球

目　标

- 尝试一对一对抗抢球，提高速度、灵敏性、协调性等身体素质。

准　备

材料：4 号足球若干，球门 2 个，手环、两种颜色的球服若干。

环境：宽敞平坦的场地，两个球门相距 12 m 摆放。

玩　法

教师发球，幼儿两两抢球。抢到球的幼儿将球踢进自己的球门。球踢进球门后取球到旁边踩停，游戏结束。脚下有球的幼儿奖励手环一个。（参见图 Z1-171 至图 Z1-174）

图 Z1-171

图 Z1-172

图 Z1-173

图 Z1-174

指导语

小朋友们，今天你们要和小伙伴玩一对一抢球游戏。我们看看今天谁是球王。游戏开始。

观察要点

- 幼儿护球时能否躲避对方的进攻。
- 幼儿抢球时动作是否灵敏。

幼儿可能出现的表现

- 护球时有的幼儿动作敏捷，控球能力强；有的幼儿能力弱，常常球被抢。
- 抢球动作灵敏度不一。
- 会转身带球。
- 会用脚拨球来抢球。

支持性策略

- 鼓励幼儿分享抢球的经验。
- 引导幼儿进行团体抢球比赛。

推进二　两队相互抢球

目　标

·尝试团队相互抢球，在比赛中思考与同伴一起抢球、护球的策略，提高速度、灵敏性、协调性等身体素质。

准　备

材料：4 号足球、手环、两种颜色的球服若干，游戏音乐。

环境：宽敞平坦的场地。

玩　法

幼儿分为人数相等的两队。一队有球，另一队没球。音乐响起，没球的一队幼儿进攻，两队互抢球。音乐停时，停止抢球，球多的一队获胜。获胜的队伍，每个队员可以得到一个手环。（参见图 Z1-175、图 Z1-176）

图 Z1-175

图 Z1-176

指导语

小朋友们，今天的球王将在两个队伍中产生。哪一队抢到的球多，哪个队就是球王，每人奖励一个手环。你们商量好人数和分组，听到音乐就可以开始了。

观察要点

· 幼儿对抗时的灵敏性如何。

· 幼儿能否团结协作，能否协商抢球和护球的方法。

幼儿可能出现的表现

· 动作慢，球常常被抢。

· 能协商抢球和护球的方法，但是实战时不会运用。

· 有的幼儿会抢自己队员的球。

支持性策略

· 提醒幼儿保护好自己，对抗时不能拉、踢、推同伴。

（樊丽青执教、编写，吴海云指导）

游戏三十八　我是小球员

动作发展水平	水平三
年龄段	4 周岁 6 个月—6 周岁（中班下学期—大班）
核心动作	运球、传球、射门
游戏总目标	· 灵活运用运球、传球、射门，提高耐力及灵敏性、协调性。 · 遵守游戏规则，体验团队合作游戏的乐趣。 · 主动参与球赛，在球赛中发现问题、分析问题、解决问题。
观察要点	· 幼儿能否团队合作。

初始游戏　没有守门员的三人球赛

目　标

· 尝试三人球赛，遵守游戏规则，体验团队合作游戏的乐趣。

准　备

材料：4 号足球 1 个，球门 2 个，记分牌，口哨，两种颜色的球服若干。

环境：宽敞平坦的场地上，相距 12 m 摆放两个球门。

经验：幼儿看过现场的足球比赛或视频的足球比赛，了解足球比赛的规则。幼儿自主组建球队，制定比赛规则：进球规则（进一个球得一分），罚则（比赛中不能推、拉、抱、撞、打、绊人，比赛中不骂人，违反规则一次黄牌警告，违反三次就不能参加比赛），礼仪规则（比赛前、比赛后握手），等。

玩　法

幼儿分成两队，每队三人，教师当裁判。幼儿合作将球踢进对方的球门，进一次球得一分。进球多的一方为胜。（参见图 Z1-177 至图 Z1-180）

图 Z1-177

图 Z1-178

图 Z1-179

图 Z1-180

指导语

小朋友们，你们已经组好球队，制定好球赛规则，现在就可以进行比赛了。三位队员要配合好，把球踢进对方的球门。比赛结束后，哪一队进的球多哪一队就获胜。游戏开始！

观察要点

· 幼儿能否遵守游戏规则。

· 幼儿怎样进球。

幼儿可能出现的表现

·队员之间配合传接球少，通常一位队员一直运球，试图运到球门前射门。

·会遵守自己制定的游戏规则。

·在球赛中会发呆，不知如何融入游戏。

支持性策略

·游戏结束后，播放幼儿比赛的视频，让幼儿观看视频，反思比赛中不能进球的原因。

·组织幼儿讨论进球的方法。

·请家长在家陪伴孩子一起观看足球比赛的视频，或带孩子观看球赛。

·当幼儿建立进球的意识、体验进球的成功与喜悦后，增设守门员进行游戏。

·边当裁判边指导幼儿游戏。

推进一　有守门员的四人球赛

目　标

·探索与同伴合作进球的方法。

·积极投入游戏，体验球赛的乐趣。

准　备

材料：4 号足球 1 个，球门 2 个，记分牌，口哨，两种颜色的球服若干。

环境：宽敞平坦的场地上，相距 12 m 摆放两个球门。

经验：幼儿了解守门员的职责。幼儿讨论相互提醒的事项：球赛中不能发呆；当对方球员拦截时，球不能一直自己踢，要把球传给自己的队友；不能很远距离射门，要接近球门快速射门，等。

玩　法

幼儿分成两队，每队四人，其中每队各有一人为守门员。教师当裁判。幼儿合作把球踢进对方的球门，进一次球得一分。进球多的一方为胜。（参见图 Z1-181、图 Z1-182）

图 Z1-181

图 Z1-182

指导语

小朋友们，你们说有守门员的球赛虽然更难进球，但更刺激。你们想玩有守门员的球赛，那现在就开始游戏吧！

观察要点

·幼儿在游戏中的专注程度。

·幼儿遇到拦截时是否会将球传给队友。

·幼儿的进球情况。

幼儿可能出现的表现

·在教师的现场提醒下会进行传接球，但主动传接球的意识还比较薄弱。

·比较投入参与游戏。

·跑动的速度不够迅速。

·守门员比较专注时能成功拦截到球，但是经常因看比赛而发呆，需要教师时时提醒。

支持性策略

·比赛结束后，播放幼儿比赛的视频，让幼儿在观看视频中反思：为什么会进球？为什么会输球？

·组织幼儿讨论：什么时候需要传接球？怎样断球？怎样快速进球？

·可组织幼儿继续玩“谁是球王”的游戏，在游戏中积累抢球、护球的经验，积累团队游戏的经验。

推进二　五人球赛

目　标

·能专注投入游戏，积极探索抢球、护球、射门的方法。

·体验竞争与合作，正确对待输赢。

准　备

材料：4 号足球 1 个，球门 2 个，记分牌，口哨，两种颜色的球服若干。

环境：宽敞平坦的场地上，相距 12 m 摆放两个球门。

玩　法

幼儿分成两队，每队五人，其中每队各有一人为守门员。教师或幼儿当裁判。幼儿合作把球踢进对方的球门，进一次球得一分。进球多的一方为胜。（参见图 Z1-183 至图 Z1-186）

图 Z1-183

图 Z1-184

图 Z1-185

图 Z1-186

指导语

小朋友们，你们制定了新的球赛规则，现在就开始游戏吧！

观察要点

- 游戏中是否积极想办法进球、抢球、传球。
- 幼儿游戏中的状态。

幼儿可能出现的表现

- 主动传接球的意识越来越强，有的幼儿会主动传球。
- 能积极投入游戏。
- 当发现自己的守门员经常守不住球后，会提出更换守门员。
- 进球后同队的球员会欢呼庆祝，输的一队会表示继续努力。

支持性策略

- 比赛结束后，播放幼儿比赛的视频，让幼儿在观看视频中反思进球、抢球、传球的经验。
- 指导个别愿意当裁判的幼儿学习做裁判。

（陈希茂执教，黄海珍编写，张丽珠指导）

附录

篮球游戏实例汇总表

一、滚球游戏

动作发展水平及特点	年龄段	核心动作	游戏总目标	观察要点	游戏名称	初始游戏	推进一	推进二	推进三
水平一： * 滚球时手臂和身体配合不协调，常手臂用力。 * 手眼配合不协调，手常接触不到球。 * 手指末端用力，常把球向上挑起，很少能指向目标方向。 * 双臂不能均匀用力。	3～4岁	滚球	· 愿意参与滚球游戏，积极探索滚球的方法。 · 尝试滚球，发展上肢力量及身体协调能力。	· 幼儿能否接触到球。 · 幼儿手臂是否用力。 · 球滚动的距离长短。	游戏一：滚滚乐	自由滚球	滚大球	碰碰车	滚球了

续表

动作发展水平及特点	年龄段	核心动作	游戏总目标	观察要点	游戏名称	初始游戏	推进一	推进二	推进三
		滚球	• 尝试用身体的各个部位与球互动，感知球是圆的、会滚、能弹跳等特性，提升肢体控球能力。 • 愿意参加玩球游戏，体验滚球的乐趣。	• 幼儿肢体与球的主要互动方式；幼儿是否有意识并协调有力地让球向前滚动。 • 幼儿是否用手指及指根滚球，手指和手臂是否发力让球向前滚动。	游戏二：我和球宝宝亲密接触	爱游戏的球宝宝	贪吃的球宝宝		
水平二： * 滚球时手臂和身体配合协调能力加强，球滚动距离加大。 * 手眼配合基本协调；每次滚球都能接触到球。 * 双臂能均匀有力地控制球。 * 可以在不同材质和高结构的物体上滚球。	3～4岁	双手滚球	• 尝试在不同平面上滚球并能滚出一定距离，提高手腕、手臂力量和控球能力。 • 感受与同伴一起游戏的快乐。	• 幼儿能否每次触到球；幼儿能否压腕并用手指有力拨球；幼儿的左右手是否均匀用力。 • 幼儿的手臂、肩、肘、腕关节的整体协调情况；幼儿是否有身体带动手臂的动作。	游戏三：带着球儿散步去	球儿散步去	花样世界逛一逛	大世界走一走	

续表

动作发展水平及特点	年龄段	核心动作	游戏总目标	观察要点	游戏名称	初始游戏	推进一	推进二	推进三
		在不同材质的平面上滚球	• 尝试双手均匀、有力地在不同材质、宽度的平面上将球滚向终点，提升上肢力量，提高动作灵敏性、协调性和视觉运动能力。 • 愿意参加滚球活动，体验滚球的快乐。	• 幼儿双手是否均匀有力地控制球。 • 幼儿能否压腕，手指是否有力拨球。 • 幼儿能否全身协调用力，随平面材质的不同调节滚球动作。	游戏四：滚球乐翻天	网格小路滚球乐	过桥探险		
		在斜坡上滚球	• 尝试在斜坡上滚球，双臂用力均匀地沿斜坡方向发力，将球滚出一定距离，提高全身协调性、灵敏性及上肢力量，提升视觉运动能力。 • 喜欢参加滚球活动，体验滚球的快乐。	• 幼儿能否压腕、手指是否有力拨球，双臂是否用力均匀。 • 幼儿能否沿斜坡方向向上发力将球拨出。 • 幼儿能否全身协调用力。	游戏五：斜坡历险记	球儿上斜坡	凹凸不平的斜坡	挑战陡坡	

续表

动作发展水平及特点	年龄段	核心动作	游戏总目标	观察要点	游戏名称	初始游戏	推进一	推进二	推进三
		双手滚球	• 尝试朝一定方向滚球，锻炼手腕关节和腿部力量，发展动作协调性，提高身体控制能力和视觉运动能力。 • 喜欢参加滚球活动，体验滚球的快乐。	• 幼儿双臂用力是否均匀。 • 幼儿能否眼睛追随目标，朝一定方向滚动球。 • 幼儿是否出现身体带动手臂的动作。 • 球滚动的距离长短。	游戏六：朝一定方向滚球	小球追大球	送小球回家		
水平三： * 可以以不同的身体姿势、单手或双手向不同的方向滚球。 * 可以进行合作性滚球游戏。	4～5岁	单手滚球	• 尝试单手滚球，发展动作协调性，提高身体控制能力和视觉运动能力。 • 喜欢参加滚球活动，体验滚球的快乐。	• 幼儿手臂是否用力。 • 幼儿能否眼睛追随目标，朝一定方向滚球。 • 幼儿是否出现身体带动手臂的动作。 • 球滚动的距离长短。	游戏七：单手滚球	探险寻宝	送棒棒糖		

续表

动作发展水平及特点	年龄段	核心动作	游戏总目标	观察要点	游戏名称	初始游戏	推进一	推进二	推进三
		双人互相滚球	• 尝试双人或多人互相滚球，提升手眼协调能力，发展手臂、手腕动作的灵敏性和协调性。 • 喜欢参加滚球活动，体验与同伴共同滚球的乐趣。	• 幼儿能否手眼一致地控制球向指定方向滚动，进行合作性滚球。 • 幼儿的动作是否协调、连贯，手臂、手腕、手指能否协作发力。	游戏八：大家一起来滚球	双人滚球初体验	滚球过桥	一起带球去爬山	
		胯下滚球	• 尝试从胯下向一定的方向和距离滚球，发展手臂、手腕动作的灵敏性和协调性，锻炼腰腹力量。 • 喜欢参加滚球游戏，体验胯下滚球的乐趣。	• 幼儿双臂是否用力均匀、手指拨球是否有力。 • 幼儿改变身体姿态后滚球速度和滚球方向的准确性。 • 幼儿间的协调配合情况。	游戏九：胯下滚球	胯下自主滚球	让球滚得直又远	胯下滚球接力	胯下变向滚球接力

续表

动作发展水平及特点	年龄段	核心动作	游戏总目标	观察要点	游戏名称	初始游戏	推进一	推进二	推进三
水平四： * 滚球时全身协调用力，具有一定的准确性，可以击中目标。 * 可以在不同材质和结构的物体上滚球击物。 * 手臂有时可以快速有力地滚球。 * 可以把滚球的动作迁移到滚其他物体的动作中去。	5～6 岁	滚球击物	• 能手眼协调地控制球向目标方向滚动并击中目标物，增强视觉运动能力和上肢动作控制能力。 • 感受与同伴一起游戏的乐趣，增强规则意识。	• 幼儿能否观察、判断固定或移动目标物的位置，并手眼一致地将球向目标方向滚动。 • 不同环境中，幼儿滚球动作是否协调、连贯，是否全身协调用力。	游戏十：疯狂保龄球	有趣的保龄球	斜坡保龄球	球球撞击	
		滚动重物	• 双臂均匀用力推动物体滚动，能够控制物体滚动方向，发展协调性、平衡性及上肢力量。 • 尝试自主搭建游戏线路，遇到困难积极思考，勇于挑战自我。	• 幼儿双臂能否均匀施力，滚轮是否在路线上滚动。 • 幼儿全身是否协调用力，并顺利将滚轮推到终点。	游戏十一：大力士滚大轮	滚轮上路咯！	海蛇岛遇险	击中目标	

二、拍球游戏

动作发展水平及特点	年龄段	核心动作	游戏总目标	观察要点	游戏名称	初始游戏	推进一	推进二	推进三
水平一： * 手和球的节奏无法协调统一。 * 可以模仿拍球的动作，在球离手后做无节奏的拍球动作，但很难再次接触球面。	3～4岁	拍球	• 尝试拍球，发展上肢肌肉力量。 • 探索拍球的方法，体验拍球的乐趣。	• 球离手后，幼儿的手能否再次接触球面。 • 幼儿能否用前臂、手腕、手指等部位协调用力将球拍起。	游戏一：拍球乐	自由拍球	冒险岛（集中教学活动）		
水平二： * 手和球的节奏基本协调统一，再次触及球面的次数显著增多。 * 拍球动作泛化，用整个手臂拍动，动作较费力，手用力不均衡，球往往越拍越低，拍球持续性较差，球较快便无法弹起。	3～4岁	原地拍球	• 尝试用手臂、手腕、手指协调用力拍球，发展手眼协调能力，增强手臂力量。 • 探索根据球的弹跳节奏调整拍球的力度和节奏，提高拍球的持续性。	• 幼儿拍球动作是否泛化，球离手后手能否再次触及球面且用力均衡。 • 幼儿手的拍打节奏与球的弹跳节奏是否协调。 • 幼儿拍球持续性如何，球是否越拍越低。	游戏二：拍球小达人	我会拍球	谁拍得多		

续表

动作发展水平及特点	年龄段	核心动作	游戏总目标	观察要点	游戏名称	初始游戏	推进一	推进二	推进三
		原地拍球	• 探索拍球的方法，提高手臂、手腕、手指协同能力及手眼协调能力。 • 喜欢参加拍球活动，体验拍球的快乐。	• 球离手后，幼儿的手能否再触及球面，用力是否均衡。 • 幼儿手的拍打节奏与球的弹跳节奏是否吻合。 • 幼儿能否持续原地拍球。	游戏三：原地拍球	小猫钓鱼	小球咚咚咚		
水平三： * 手和球的节奏协调统一，可以调整拍球的节奏。 * 拍球动作初步分化，手臂可以协调有力的拍球，有时不能控制球的落点，出现追球跑的现象。 * 基本可以进行行进间拍球，初步具有用眼睛的余光结合动作控球。	4～5 岁	有节奏拍球	• 尝试跟着乐器的节奏拍球，发展拍球节奏感。	• 幼儿能否跟着一定的节奏拍球。 • 幼儿能否控制球的落点。	游戏四：随乐拍球	铃鼓运球赛	最佳搭档		

续表

动作发展水平及特点	年龄段	核心动作	游戏总目标	观察要点	游戏名称	初始游戏	推进一	推进二	推进三
水平四： * 拍球动作出现巩固和分化的特点，眼手协调统一，手和球的节奏协调统一。 * 手臂可以协调有力地拍球，能控制球的落点、方向并进行行进间拍球。 * 可以进行高低位运球和过障碍运球等动作。	5～6岁	左右手交替拍球	• 尝试左右手连续协调拍球、绕障碍拍球，锻炼上肢和腿部肌肉力量，提高身体平衡能力和控制能力。	• 幼儿能否手眼协调地左右手交替拍球。 • 幼儿能否根据不同的场地设置调整球的运行方向。	游戏五：左手右手拍拍乐	原地双手交替拍球	拍球大比拼	趣味障碍赛	
		行进运球	• 尝试行进拍球，发展动作的准确性、协调性以及手眼协调能力。 • 遵守游戏规则，体验按规则游戏的乐趣。	• 幼儿能否用手臂、手腕和手指协调地在行进中拍球。 • 幼儿能否自如地控制移动拍球的运行方向。	游戏六：行进运球	老狼老狼几点钟	曲线行进运球		

续表

动作发展水平及特点	年龄段	核心动作	游戏总目标	观察要点	游戏名称	初始游戏	推进一	推进二	推进三
		视线离球的行进运球	• 尝试视线离球运球，发展身体协调性、灵敏性。 • 手臂、手腕和手指能协调并持续定点或移动拍球。 • 乐于参加游戏，遵守游戏规则。	• 幼儿的手臂、手腕和手指是否能够高度协调移动拍球。 • 幼儿能否自如地控制移动拍球的运行方向。	游戏七：揪尾巴	找尾巴	揪尾巴		
		视线离球的行进运球	• 尝试不受他人的干扰，自如控制球的运行方向，发展身体协调性和灵敏性。 • 体验按规则游戏的乐趣。	• 幼儿的手臂、手腕和手指能否协调移动拍球。 • 幼儿能否自如地控制移动拍球的运行方向。	游戏八：老鹰捉小鸡	进攻与防守	一对一进攻		

续表

动作发展水平及特点	年龄段	核心动作	游戏总目标	观察要点	游戏名称	初始游戏	推进一	推进二	推进三
		在有一定高度的物体上运球	·尝试在具有一定高度的物体上运球行进，提高控球能力，发展身体的协调性、灵敏性及平衡能力。 ·体验挑战在有一定高度的物体上运球的乐趣。	·幼儿能否边拍球边观察环境，寻找适宜的落脚点，并保持身体平衡。 ·幼儿能否控制移动拍球的运行方向，持续拍球。	游戏九：运球大闯关	平衡板上拍球	巧过平衡板	拍球探险	
		变化身体高度拍球与多重任务拍球	·尝试在拍球的同时完成翻、盖、捡等动作，提高观察力、专注力和控球能力。 ·尝试变化身体高度拍球，提升身体的灵敏性及协调性。 ·体验具有一定挑战性的拍球的乐趣。	·幼儿手臂是否协调有力地拍球并能控制球的落点、方向进行行进间拍球。 ·幼儿能否根据环境和任务的变化调整拍球的节奏、姿势、方向等。	游戏十：丛林探险	拍球过密林	翻、盖乐	捡绒球	

续表

动作发展水平及特点	年龄段	核心动作	游戏总目标	观察要点	游戏名称	初始游戏	推进一	推进二	推进三
		高低位变化运球	• 探索高低位转换过障碍运球，提高控球能力，增强身体的灵敏性、协调性，发展视觉运动能力和手眼协调能力。 • 自主尝试与同伴合作游戏，培养公平竞争意识和团队精神，体验篮球游戏的乐趣。	• 幼儿能否根据障碍物的高低灵活调节身体姿势，顺利通过障碍物。 • 幼儿运球及控球的姿势与动作是否连续、流畅。	游戏十一：运球捡果子	运球捡果子初体验	我们一起合作吧！	穿越障碍网大挑战	运球过障碍

三、抛球游戏

动作发展水平及特点	年龄段	核心动作	游戏总目标	观察要点	游戏名称	初始游戏	推进一	推进二
水平一： * 预备动作：身体直立，原地不动；手臂伸直，手心向上。 * 抛球时手臂僵直，活动范围小；主要依靠向上挥臂的力量抛球。 * 双手用力不均，不能控制抛球方向及抛球的高度；手眼不协调。	3～4岁	双手抛物	• 尝试双手用力向上抛物，发展协调能力。 • 体验抛物的乐趣。	• 幼儿能否自主尝试探索抛物的方法。 • 幼儿能否双手用力向上抛物。 • 幼儿抛物时肢体、手眼是否协调。	游戏一：抛抛乐	抛飞盘	向上抛高	球儿蹦蹦高
水平二： * 预备动作：身体直立，原地不动；手臂伸直，手心向上。	3～4岁	双手有力地向一定高度抛球	• 初步尝试双手抛球至一定高度，发展身体协调性。 • 体验抛球的乐趣。	• 幼儿双臂用力是否均匀。 • 幼儿抛球的方向控制和高度情况。 • 幼儿抛球时手眼配合是否协调。	游戏二：飞吧，球宝宝！	抛起球宝宝	抛球亲子乐	

续表

动作发展水平及特点	年龄段	核心动作	游戏总目标	观察要点	游戏名称	初始游戏	推进一	推进二
* 能通过摆动双臂将球抛起。 * 抛球时双手均匀用力，但力量、方向的控制还存在问题；手眼配合基本协调。 * 抛球后有缓冲动作。		双手有力地向一定高度抛球	• 尝试将球抛到一定的高度，发展身体协调性。 • 体验抛球的乐趣。	• 幼儿双臂用力是否均匀。 • 幼儿抛球的方向控制和高度情况。 • 幼儿抛球时手眼配合是否协调。	游戏三：越过彩虹线	碰彩旗	抛过彩带	
水平三： * 预备动作：双脚分开、屈膝；手臂稍微弯曲，手心向斜上方。 * 能通过蹬伸、摆动双臂将球抛起。 * 能通过有效摆臂、双手均匀用力将球抛起一定的高度，并能击中目标；手眼配合协调。	4～5岁	双手抛球 —— 抛高	• 能积极主动地探索将球抛高的方法。 • 能通过有效摆臂、压腕，双手用力均匀地将球抛起一定的高度和距离，促进手臂肌肉力量的协调发展。 • 能遵守游戏规则，懂得保护自己。	• 幼儿双臂用力是否均匀。 • 幼儿能否通过有效摆动双臂抛球。 • 幼儿抛球的高度、距离和方向。	游戏四：飞翔的小鸟	小鸟学飞	小鸟起飞	飞越高山

续表

动作发展水平及特点	年龄段	核心动作	游戏总目标	观察要点	游戏名称	初始游戏	推进一	推进二
* 抛球后有缓冲动作。		抛球击物	• 尝试通过有效摆臂、双手均匀用力将球抛起一定高度，并能击中目标，发展身体协调性。 • 体验抛球的乐趣。	• 幼儿能否通过有效摆动双臂抛球。 • 幼儿能否将球抛到一定高度并击中目标。	游戏五：小刺猬采果子	击中果子	谁摘的果子多	
		抛球击物	• 双臂均匀有力地向前方抛球，发展手臂和腰腹力量。 • 愿意尝试挑战，感受抛球的乐趣。	• 幼儿能否通过有效摆动双臂抛球。 • 幼儿能否将球抛出一定距离，并击中目标。	游戏六：小超人有本领	打怪兽	挑战又高又远的怪兽	
水平四： * 预备动作：双脚分开、屈膝；手臂稍微弯曲，手心向斜上方。 * 能通过蹬伸、摆动双臂、压腕和拨指将球抛起。	5～6岁	双手抛球 —— 抛准	• 通过蹬腿、摆臂、压腕将球从胸前抛出，增强手臂肌肉力量，提高手眼协调能力。 • 通过调整抛球力度和动作，自主调节抛球距离、高度和方向，发展动作的准确性和协调性。 • 喜欢参加抛球活动，能遵守游戏规则、保护自己，体验抛球的乐趣。	• 幼儿能否通过摆臂、压腕和拨指将球抛出。 • 幼儿能否向指定方向抛球。 • 幼儿是否出现屈臂胸前抛球的动作。	游戏七：勇敢小兵	小兵投弹	投弹入洞	

续表

动作发展水平及特点	年龄段	核心动作	游戏总目标	观察要点	游戏名称	初始游戏	推进一	推进二
* 能主动调节抛球高度和方向；可以屈臂胸前抛球，并击中目标；手眼配合协调。 * 抛球后有缓冲动作。		双手抛球 —— 抛准	• 能双手屈臂胸前用力抛球并抛准，发展协调能力。 • 遵守游戏规则，敢于挑战难度，感受抛球的乐趣。	• 幼儿能否全身协调配合用力，通过摆臂、压腕将球向上抛起。 • 幼儿能否根据目标主动调节抛球高度和方向。 • 幼儿在活动中是否出现屈臂胸前抛球的动作。	游戏八：荒岛奇遇	抛椰果	鲨鱼来了	饥饿的巨人

四、接球游戏

动作发展水平及特点	年龄段	核心动作	游戏总目标	观察要点	游戏名称	初始游戏	推进一	推进二
水平一： * 预备动作：身体直立，原地不动；手臂伸直，手心向上向前伸出。 * 依靠手臂接球；	3～4岁	双手自抛自接物体	• 自主探索双手接物的方法。 • 学习用眼睛判断物体的来向，练习接的动作。 • 体验接物的乐趣。	• 幼儿能否自主尝试探索接物的方法。 • 幼儿能否判断物体的来向。	游戏一：自抛自接乐	抱抱小飞盘	比比谁接得准	

续表

动作发展水平及特点	年龄段	核心动作	游戏总目标	观察要点	游戏名称	初始游戏	推进一	推进二
接球时把头转到侧面或者闭上眼睛，害怕飞来的球。 * 反应延迟、球经常弹开或穿过双臂空隙而掉落，有的甚至会因球的惯性而摔倒，接球后没有缓冲动作。								
水平二： * 预备动作：身体直立，原地不动；手臂伸直，手心向上向前伸出。 * 依靠手臂接球；接球时头朝向来球方向，当球碰到手臂后会屈肘抱球。 * 能够接住抛到胸前和手臂上的球。	4～5岁	屈肘抱球	• 能判断物体下落方向，伸直手臂、掌心向上接物并屈肘抱物，提高反应能力。 • 能大胆愉快地参与体育游戏。	• 幼儿能否掌心向上、伸直手臂并屈肘接物。 • 幼儿能否接住抛到胸前和手臂上的物体。	游戏二：看谁接得多	看谁接得住	看准了，接一接	你抛我接

续表

动作发展水平及特点	年龄段	核心动作	游戏总目标	观察要点	游戏名称	初始游戏	推进一	推进二
		双手自抛自接球	• 尝试手臂伸直、手心向上向前伸出并主动屈肘捞球，提高反应能力。 • 体验接球的乐趣。	• 幼儿接球时能否面朝来球方向。 • 球碰到手臂后，幼儿能否屈肘接球。 • 幼儿能否接住抛到胸前的球。	游戏三：自抛自接球	自抛自接球	比比谁抛得高、接得准	
水平三： * 预备动作：屈膝、双脚前后站立；手向来球方向手心朝内向前伸出。 * 主要依靠手臂接球；当球碰到手臂后，会屈肘抱球。 * 能够接住抛到胸前和手臂上的球；身体会后移一小步缓冲，但不协调。	5～6岁	互抛互接球	• 尝试屈肘抱住抛到胸前和手臂上的球，接球后身体后移一小步缓冲，提高反应能力。	• 幼儿能否根据球的来向，伸手主动屈肘接球或尝试移动步伐接球。	游戏四：接球小能手	接球咯	你抛我接	

续表

动作发展水平及特点	年龄段	核心动作	游戏总目标	观察要点	游戏名称	初始游戏	推进一	推进二
水平四： * 预备动作：屈膝、双脚前后站立；手向来球方向手心朝内向前伸出。 * 能自然张开手指，双手接球，在接球瞬间会出现屈肘抱球动作。 * 会在一定范围内调整、移动身体和手臂位置接球；能接住不同方向的来球；身体会后移一小步缓冲，但不协调。	5～6岁	击地传接球	• 尝试进行双人或多人击地传接球游戏，锻炼动作灵敏性、协调性与准确性，提高视觉运动能力。 • 体验与同伴合作玩击地传接球的乐趣，培养团队合作精神。	• 幼儿能否根据球的方向灵活调整身体动作和朝向，快速反应并成功接球。	游戏五：会反弹的球	看谁接得住	玩转双球	球球大作战
		双人或多人合作接球	• 尝试自主协商、讨论多样的合作接球方法。 • 愿意挑战有一定难度的游戏，体验游戏的乐趣。	• 幼儿能否自然张开手指双手接球，接球瞬间是否出现屈肘抱球动作。 • 幼儿能否根据来球的方向灵活调整身体动作和朝向，并快速反应，准确接球。	游戏六：趣味双龙戏珠	双龙戏珠	回首戏珠	双龙戏双珠

足球游戏实例汇总表

动作发展水平及特点	年龄段	核心动作	游戏总目标	观察要点	游戏名称	初始游戏	推进一	推进二
水平一： * 支撑腿原地站立，触球腿在身体前方用脚“推”球，并出现左右、前后摆动的运动幅度，触球时手臂中位、高位保护。 * 在此阶段，幼儿可以进行踩球、停球、夹球、踢静止的球等动作。	3～4岁（小班上学期）	球性感知			嗨，足球！（集中教学活动）			
		停球	• 尝试用身体各部位停球，提高动作的灵敏性。 • 感受足球游戏的快乐。	• 幼儿用身体的哪些部位停球。	游戏一：快乐停球	自由停球	听指令停球	
		踩球	• 熟悉球性，尝试踩静止的球，提高平衡能力。	• 幼儿踩球后能否站稳。	游戏二：快乐踩球	快速踩球	听指令踩球	
		踩球	• 尝试听信号带球行进和停止踩球，提高平衡能力、协调能力和灵敏性。 • 遵守游戏规则，感受踩球的乐趣。	• 幼儿单脚站立的平衡能力。	游戏三：红绿灯	我会停车	我能摆造型	

续表

动作发展水平及特点	年龄段	核心动作	游戏总目标	观察要点	游戏名称	初始游戏	推进一	推进二
		颠球	• 尝试用脚颠网兜里的球，让足球跳动起来，提高腿部肌肉力量和动作的灵活性。 • 积极探索颠起球的办法，感受颠球的乐趣。	• 幼儿能否用脚颠到球。	游戏四：小球跳起来	固定跳起来	移动跳起来	
		夹球爬	• 尝试用身体的不同部位夹球爬，提高身体的协调性。 • 体验夹球爬的乐趣。	• 幼儿用身体的哪个部位夹球。	游戏五：过草地	过草地本领大	小蚂蚁过草地	
		用脚触碰球	• 自由奔跑带球、停球，增强下肢力量，提高身体的协调性。 • 在跑动中感受球的滚动，体验游戏的乐趣。	• 幼儿用脚的哪个部位触碰球，双脚是否有力度。	游戏六：足球宝宝去旅行	球儿滚起来	我和球儿来赛跑	

续表

动作发展水平及特点	年龄段	核心动作	游戏总目标	观察要点	游戏名称	初始游戏	推进一	推进二
		踢球	· 尝试踢球击中目标物，增强下肢力量。 · 感受踢球游戏的乐趣。	· 幼儿能否踢准球，踢完球能否站稳。	游戏七：好玩的大球	踢大球	大球进洞	
		踢球	· 尝试踢球击中目标物，发展下肢力量及本体觉。 · 体验足球游戏的快乐，获得成就感。	· 幼儿踢球时用哪个部位触球。	游戏八：喂喂小动物	好吃的薯片	好吃的饼干	
水平二： * 支撑腿上步或原地站立，触球腿可以进行较自由从后向前摆动或者左右来回摆动等动作，同时手臂和身体出现反向摆动的动作；触球后的缓冲动作不明显，或者难以和下一个动作较好衔接。	3周岁4个月～4周岁6个月（小班下学期—中班上学期）	揉球	· 熟悉球性，练习用脚揉球，提高腿的控制力和身体的协调性。 · 体验揉球的乐趣。	· 幼儿单腿能否站稳。	游戏九：搓汤圆	灵活的身体	灵活的脚	
		停球	· 尝试带球（触碰球）、停球，听指令游戏，提高身体的平衡性和灵敏性。 · 遵守游戏规则，体验游戏的乐趣。	· 幼儿踩球能否站稳。	游戏十：木头人	不许动	谁最酷	

续表

动作发展水平及特点	年龄段	核心动作	游戏总目标	观察要点	游戏名称	初始游戏	推进一	推进二
*在此阶段，幼儿可以进行停球、揉球、踢球、运球等动作。		夹球走	• 练习双脚夹球走，增强下肢力量，提高身体灵敏性和平衡性。 • 遵守游戏规则，体验夹球走的乐趣。	• 幼儿双脚是否有力。	游戏十一：小企鹅夹球走	好玩的圆凳	好玩的球	
		夹球跳	• 尝试双脚夹球跳，增强下肢力量。 • 体验双脚夹球跳的乐趣。	• 幼儿双脚是否有力。	游戏十二：小兔捉蝴蝶	高高的蝴蝶	会飞的蝴蝶	
		踢球	• 触球腿能较自然地摆动踢球，提高下肢力量及协调能力。 • 能与同伴合作玩游戏。	• 幼儿触球腿能否自如摆动，用脚的哪个部位踢球。	游戏十三：小球进山洞	一人山洞	两人山洞	
		踢球（射门）	• 有目的地向指定方向踢球，提高踢中目标的精准度。 • 感受挑战游戏带来的乐趣。	• 幼儿踢球是否有力度。	游戏十四：小刺猬回家	不一样的家	比一比	一起玩

续表

动作发展水平及特点	年龄段	核心动作	游戏总目标	观察要点	游戏名称	初始游戏	推进一	推进二
		踢球	• 尝试用脚背踢球，有目的地向指定方向踢球，发展空间意识。 • 感受与同伴合作游戏带来的乐趣。	• 幼儿是否用脚背踢球，踢球是否有力度。	游戏十五：穿越隧道	短的隧道	长的隧道	
		踢球	• 尝试用脚背或脚内侧踢球，增强下肢力量，提高身体的平衡性。 • 体验在不同场地玩足球的乐趣。	• 幼儿是否用脚背或脚内侧踢球。 • 幼儿能否控制力度。	游戏十六：踢踢乐			
		踢球	• 尝试前后、左右摆动腿踢球，增强身体的平衡感。 • 感受踢中目标物的快乐。	• 幼儿能否前后、左右摆动腿，从不同的方向踢球。 • 幼儿是否有意识地用脚内侧踢球。	游戏十七：吹泡泡			
		运球	• 尝试用脚的各个部位运球，发展下肢力量及协调能力。 • 体验在不同场地运球的乐趣。	• 幼儿用脚的哪个部位运球。 • 幼儿运球时的动作是否协调。	游戏十八：小球爬山坡			

续表

动作发展水平及特点	年龄段	核心动作	游戏总目标	观察要点	游戏名称	初始游戏	推进一	推进二
		运球	• 尝试运用脚内侧运球，增强下肢力量，提高身体的灵敏性与协调性。 • 能遵守游戏规则，懂得保护自己、注意安全。	• 幼儿能否用脚内侧运球。	游戏十九：停车场	我会开车	我会停车	
		曲线运球	• 尝试运用脚内侧运球，增强下肢力量，提高身体的灵敏性与协调性。 • 能创造性地玩游戏，协商制定简单的游戏规则并遵守。	• 幼儿能否用脚内侧运球。	游戏二十：有趣的路	拐弯的路	迷宫路	弯弯曲曲的路
		运球	• 在追逐运球游戏中增强下肢力量，提高耐力、身体的协调性与灵敏性。 • 感受追逐运球的乐趣。	• 幼儿跑步的速度。 • 幼儿跑步中急停时身体的控制能力。 • 幼儿控球的能力。	游戏二十一：抢球了			

续表

动作发展水平及特点	年龄段	核心动作	游戏总目标	观察要点	游戏名称	初始游戏	推进一	推进二
水平三： * 出现上步或者多步助跑，触球腿摆动到躯干后部，发力踢球，踢球后可以做到较好的缓冲等后续动作，可以比较自由地衔接下一个动作形式。	4周岁6个月～6周岁（中班下学期—大班）	踩推球	• 双脚交替拨球向前推，提高平衡能力及协调性。 • 体验竞赛游戏的乐趣。	• 幼儿身体能否保持平衡。	游戏二十二：搬运工	小小搬运工	比一比	
		踩拉球	• 尝试拉球的基本动作，提高下肢力量和身体的平衡能力。 • 体验拉球的快乐。	• 幼儿能否双脚交替踩拉球。	游戏二十三：倒车真有趣	一人倒车	小组倒车	比赛倒车
		脚背颠球	• 尝试用脚背颠网兜里的球到指定地点，提高反应能力及动作准确性。 • 熟悉球性，感受颠球的乐趣。	• 幼儿能否用脚背颠球。 • 幼儿颠球的准确性。	游戏二十四：小球跳舞			
		运球、夹球跳	• 尝试用脚弓、脚内侧运球，提高控球能力。 • 尝试快速夹球跳，增强下肢力量。	• 幼儿是否用脚弓、脚内侧运球，双脚夹球是否有力。	游戏二十五：小球快回家	小球回圈圈家	小球回圆凳家	

续表

动作发展水平及特点	年龄段	核心动作	游戏总目标	观察要点	游戏名称	初始游戏	推进一	推进二
* 在此阶段，幼儿可以进行较熟练协调的踢球、推拨球、停球、运球等动作。		夹球跳	• 尝试用双脚夹球跳，增强下肢力量。 • 体验夹球跳的乐趣。	• 幼儿运用哪种方式夹球跳。	游戏二十六：夹球跳	自主夹球跳	花样夹球跳	看谁跳得快
		传球	• 尝试传球，提高身体的控制能力、反应能力，发展身体的协调性和灵敏性。 • 体验合作游戏的乐趣。	• 球能否传到位。	游戏二十七：传球真有趣	大家一起玩	三人传球	
		脚背踢球	• 尝试用脚背踢球，增强腿部力量。 • 练习绕障碍物运球，提高身体的协调性。 • 体验击中目标物的成功感，感受游戏的快乐。	• 幼儿击球的准确性与力度。	游戏二十八：火山爆发	小火山	高高的火山	有阻碍的火山
		踢球	• 尝试踢移动球，提高反应能力与判断能力。 • 体验踢球击中目标物的成功感，感受游戏的快乐。 • 能遵守游戏规则，懂得保护自己、注意安全。	• 幼儿踢球是否精准。	游戏二十九：打怪兽	大大的家	小小的家	

续表

动作发展水平及特点	年龄段	核心动作	游戏总目标	观察要点	游戏名称	初始游戏	推进一	推进二
		踢球	• 尝试在追逐跑中踢移动的球，提高灵敏性、协调性和平衡能力。 • 体验在跑动中踢球的快乐。	• 幼儿能否敏捷地躲闪。	游戏三十：遛狗狗	奔跑的小狗狗	狗狗与灰太狼	
		射门、守门	• 尝试守门和射门，提高反应能力、判断能力，锻炼勇敢、果断的意志品质。 • 主动参与游戏，正确对待输赢。	• 幼儿踢球后能否站稳。	游戏三十一：进山洞	定点射门	跑动射门	
		脚内侧运球射门	• 尝试用左右脚的内侧运球并射门，提高控球能力及敏捷性、协调性。 • 定点射门时探索踢球的力度。	• 幼儿踢球后能否站稳。	游戏三十二：踢球过洞	踢球过洞	踢球穿过组合洞	

续表

动作发展水平及特点	年龄段	核心动作	游戏总目标	观察要点	游戏名称	初始游戏	推进一	推进二
		踢球	• 尝试用脚背踢球，增强下肢力量，提高身体的平衡能力。 • 体验击中目标的成功感，感受游戏的快乐。	• 幼儿踢球是否有远度、高度和准度。	游戏三十三：数字踢踢乐	我最棒	守门员本领大	
		运球（斜坡脚内侧运球）	• 控制适宜的力度用脚内侧运球，增强球感，提高控球能力。 • 集中注意力游戏，养成专注持久游戏的习惯。	• 幼儿能否用脚内侧控制好球。	游戏三十四：小球别跑	一人斜坡运球	比赛斜坡运球	合作斜坡运球
		运球、踩球、传球	• 尝试运球、停球、传球，提高控球能力。 • 感受踢球游戏的快乐。	• 幼儿运球的速度以及护球的策略。	游戏三十五：老狼老狼几点钟	捉小羊	保护小羊	
		抢断球	• 尝试抢断球，提高控球能力。 • 感受足球集体游戏的快乐。	• 幼儿能否运球、传球与断球。	游戏三十六：老鹰捉小鸡	一群小鸡	小鸡斗老鹰	团结起来

续表

动作发展水平及特点	年龄段	核心动作	游戏总目标	观察要点	游戏名称	初始游戏	推进一	推进二
		抢球、护球	• 探索抢球、护球的方法，提高速度、灵敏性、协调性等身体素质。 • 激发合作的内在动机，初步树立勇于挑战、敢于拼搏、团队协作的精神。	• 幼儿是否勇于挑战、敢于拼搏，是否有团队协作的精神。	游戏三十七：谁是球王	抢球大赛	一对一抢球	两队相互抢球
		运球、传球、射门	• 灵活运用运球、传球、射门，提高耐力及灵敏性、协调性。 • 遵守游戏规则，体验团队合作游戏的乐趣。 • 主动参与球赛，在球赛中发现问题、分析问题、解决问题。	• 幼儿能否团队合作。	游戏三十八：我是小球员	没有守门员的三人球赛	有守门员的四人球赛	五人球赛

图书在版编目（CIP）数据

幼儿这样玩球 / 全胜，吴海云主编．-- 福州：福建人民出版社，2021.1（2022.3 重印）

ISBN 978-7-211-08590-3

Ⅰ.①幼… Ⅱ.①全… ②吴… Ⅲ.①游戏课—学前教育—教学参考资料 Ⅳ.①G613.7

中国版本图书馆 CIP 数据核字（2020）第 264088 号

幼儿这样玩球

YOU'ER ZHEYANG WANQIU

主　　编：全　胜　吴海云

责任编辑：赵　玮

出版发行：福建人民出版社　　**电　　话**：0591-87533169（发行部）

网　　址：http://www.fjpph.com　　**电子邮箱**：fjpph7211@126.com

地　　址：福州市东水路 76 号　　**邮政编码**：350001

经　　销：福建新华发行（集团）有限责任公司

印　　刷：福建省金盾印刷有限公司

地　　址：福州市仓山区浦上工业园 D 区 24 座

开　　本：700 毫米×1000 毫米　1/16

印　　张：18.75

字　　数：299 千字

版　　次：2021 年 1 月第 1 版

印　　次：2022 年 3 月第 2 次印刷

书　　号：ISBN 978-7-211-08590-3

定　　价：40.00 元